印象清明

李浩——主编

文学大家谈中国传统节日

贵州出版集团
贵州人民出版社

图书在版编目(CIP)数据

印象清明 / 李浩主编. -- 贵阳 : 贵州人民出版社, 2025. 3. --（文学大家谈中国传统节日）. -- ISBN 978-7-221-17954-8

Ⅰ. K892. 1-49

中国国家版本馆 CIP 数据核字第 2025ZJ4229 号

YINXIANG QINGMING: WENXUE DAJIA TAN ZHONGGUO CHUANTONG JIERI

印象清明：文学大家谈中国传统节日

李　浩　主编

出 版 人：朱文迅
策划编辑：陈红昌
责任编辑：张羽飞
书名题写：莫　言
封面设计：耕莘文化
出版发行：贵州出版集团　贵州人民出版社
地　　址：贵阳市观山湖区中天会展城会展东路 SOHO 公寓 A 座
印　　刷：河北新华第一印刷有限责任公司
版　　次：2025 年 3 月第 1 版
印　　次：2025 年 3 月第 1 次印刷
开　　本：850 毫米×1168 毫米　1/32
印　　张：12. 25
字　　数：170 千字
书　　号：ISBN 978-7-221-17954-8
定　　价：99. 00 元

序言

编辑一套“文学大家谈中国传统节日”的书是我的朋友于晓华持续了数年的想法，说是数年可能不确切，应当是十数年或者数十年——在数年的时间里他曾多次向我提及，而我出于种种的小顾虑一直拖着，直到2021年春节。他再次极度诚恳地谈到他的想法，并且一一打消着我的疑虑，我对他的用心和在意更加清晰了。于是，我也以极度诚恳的态度答应了下来，然后愉快的合作得以开始。按照计划，我们最先确定征集的是两大节日（中秋和春节），待成熟后再顺序出版其他与中国传统节日相关的图书。2023年，我们几乎同时完成了《印象春节：文学大家谈中国传统节日》和《印象中秋：文学大家谈中国传统节日》的编辑出版工作，当时重点宣发的是《印象春节：文学大家谈中国传统节日》。后来，我们经过慎重考虑，在原有基础上重新修订，增加了九位文学大家的作品，于 2024 年中秋节前出版了《印象中秋：文学大家谈中国传统节日》一书。两本图书的出版颇受好评，作家朋友、批评家朋友和读者朋友的鼓励让我们兴奋而感动，也促使我们做出决定：抓紧时间，紧锣密鼓，继续做好《印象重阳：文学大家谈中国传统节日》《印象清明：文学大家谈中国传统节日》以及《印象端午：文学大家谈中国传统节日》的编辑约稿工作，并在 2024 年重阳节当日完成了《印象重阳：文学大家谈中国传统节日》的宣发。令我们颇感兴奋的是，“春节——中国人庆祝传统新年的社会实践”成功列入联合国教科文组织人类非物质文化遗产代表作名录。春节申遗的成功更坚定了朋友于晓华的信心，当然也更激扬了他和贵州人民出版社的雄心。拓展作者阵容、争取近百位文学大家的共襄就是在这一前提下提出的，要把《印象清明：文学大家谈中国传统节日》做成更为宽阔、丰富、厚重的书也是在这一前提下提出的，我承认，这也令我倍感压力。

1

中华民族历史悠久，农耕文明的特征相对明显，其文化传统也可谓“根深叶茂”，渊源宽博；而在那些凝结着民族情感和精神意蕴的传统节日中，更容易“窥见”这一地域人群的群体意志和集体无意识，更容易“窥见”传统文明、文化对于个人的赋予，更容易“窥见”这一地域群体中人们的精神底色和人文认知，以及他们在风俗习惯中的种种累积。窥一斑而见全豹，以传统节日为切口来观察和审视中华文化中的积余，应是一个极有趣味、魅力和深入感的有效选择。

《关于实施中华优秀传统文化传承发展工程的意见》一文提出：“中华文化源远流长、灿烂辉煌。在5000多年文明发展中孕育的中华优秀传统文化，积淀着中华民族最深沉的精神追求，代表着中华民族独特的精神标识，是中华民族生生不息、发展壮大的丰厚滋养。”我们“需要深化对中华优秀传统文化重要性的认识，进一步增强文化自觉和文化自信”，需要“深入挖掘中华优秀传统文化价值内涵，进一步激发中华优秀传统文化的生机与活力……”这，也是贵州出版集团、贵州人民出版社愿意全力支持并倾力打造这一书系的核心缘由。

同时，我们也可以看到，在时代的演变中，在地域文化的区隔中，传统节日的共有会因时代的变化而有所变化，因地方风俗和自然条件的限制而有所变化，因民族性的差异而有所变化——这种变化当然值得考察，值得细细品啜。

2

“气清景明，万物皆显”——既是节日又是节气的清明由此得名。《淮南子》中也曾这样提及：“春分后十五日，斗（指北斗七星斗柄位置）指乙，则清明风至。”在中国人看来，清明是生机，是复苏，是阳气充沛，是开始茁壮，是由此时起至之后的一段时间里，自然界的万物都有新的枝叶和新的生命冲动……“万物生长此时，皆清洁而明净。”（《岁时百问》）

西汉至清初采用圭表测影法（平均时间法）划分节气，将冬至与下一个冬至之间分割为24段（每段15日），以冬至日为二十四节气的起点；清明节气从冬至日算起，即在冬至后第105天。现行的二十四节气来自三百多年前订立的“黄经度数法”（1645年起沿用至今），依据太阳在回归黄道上的位置来确定节气，当太阳黄经达15°时，为清明交节点。

中国幅员辽阔，二十四节气在南北地区的气候表现差异很大，对于清明来说自然也是如此，甚至更为明显一些。清明时节的南方“春和景明”，清爽温暖，开始多雨；而北方则是春意初生，树木初绿，干燥多风，与南方有较大不同。然而无论南方还是北方，春意却是都能感受得到的。同时，由清明开始的农忙，也是南方、北方都可共同感受得到的，尽管南方、北方此时种植的农作物不同。

清溪一道穿桃李，演漾绿蒲涵白芷。

溪上人家凡几家，落花半落东流水。

蹴鞠屡过飞鸟上，秋千竞出垂杨里。

少年分日作遨游，不用清明兼上巳。

王维的这首《寒食城东即事》写的就是唐代清明时节（寒食节紧临清明节，往往是清明节前的一日或两日，多地也将寒食节并入清明节之中，把“寒食”作为清明的别称。清明节的其他别称还有“踏青节”及“三月节”等。）的游春习俗，里面充满着生机、春意、成长中的美好。谈及和清明相关的诗，大约杜牧的《清明》更为脍炙人口：

清明时节雨纷纷，路上行人欲断魂。

借问酒家何处有？牧童遥指杏花村。

或许是杜牧的这首诗于我来说影响太大了，以至于一想到清明就会想到连绵的细雨，就会想到略显阴郁的天色和巨大的空旷……我的老家在春天是少雨的，甚至可以说极度少雨，现在回想起来，我经历的清明也没有多少年是下雨的，可我一想到清明，就会毫无准备地想到细雨，想到一种云层压低的灰。这种“错觉”一直保持着并可能会继续保持下去。

春游踏青、扫墓祭祖是清明节的两项“核心内容”，不同时代、不同地域可能会有不同侧重，但它们不同程度地获得着保留，尤其是扫墓祭祖、慎终追远的内容始终坚固地存在着，是核心中的核心。有资料谈及，清明之祭主要祭祀祖先，表达祭祀者的孝道和对先人的思念之情，是礼敬祖先的文化传统——它是整个中华民族的共有习惯，不分南北，其区别不过是具体祭祀时间，是上山扫墓、田间扫墓还是祖祠庙祭，标祀、标墓或祭祀用品的微小不同，而已。

3

大家，名家。我们在发出约稿函之前预先确定了严苛的约稿范围，在某种程度上说它甚至苛刻得有些过分，但是为了保障质量，我和于晓华都愿意保持这种苛刻，坚持这种苛刻。

是故，入选本书（包括以后将出版的这个系列中的每一本书）的作者以获得过鲁迅文学奖、茅盾文学奖的作家为基本主体，部分获得骏马奖、全国优秀儿童文学奖的优秀作家在经历遴选后也会加入。在本辑《印象清明：文学大家谈中国传统节日》一书中，我们的作者是李敬泽、邢军纪、和晓梅、刘建东、雷平阳、江子、杨庆祥、荣荣、郁葱、梅洁、傅天琳、葛水平、蒋子龙、郭文斌、胡学文、关仁山、温亚军、娜夜、李约热、徐坤、包倬、乔叶、李元胜、肖勤、李浩，共计25位，排名不分先后。需要说明的是，许多作家，都是在约稿函发出之后根据我们的“主旨要求”命题而作，是专门写给我们这本书的新作品——在本书中，新写的作品占全书80%左右。我们一直希望专门写给我们这本书的新作品更多些，再多些——它是编选，但不想同于一般的编选，不仅仅满足于“萃集”——我们更希望，我们的这一系列是“新的”，是这个时代中最为著名的作家、批评家、翻译家和学者们对于此时的“传统节日”的理解和认知，有着真切的历史感，也有着真切的当下性。需要说明的是，我们忐忑地向莫言先生发出请求，希望他能为我们题写书名（为“印象”系列前面几本图书题写书名的大家分别是著名书法家孙晓云和著名作家徐光耀），莫言先生欣然接受，很快便将题好的“印象清明”寄给了我们。在这里，我还想特别感谢所有赐稿给我们的名家、大家，你们的参与让我们倍感温暖。

在本书作者中，有极具声望、极有影响力的中老年作家，有处于上升势头的中年和青年新锐，有南方作家和北方作家，有少数民族作家，有刚刚获得茅盾文学奖、鲁迅文学奖、全国优秀儿童文学奖或骏马奖的作家……它呈现了作家的丰富性，也呈现了多样性，这种丰富性和多样性还体现于题材上、言说方式上，以及各自的侧重上。它呈现着我们在传统节日中的不同感受和不同面影，呈现着我们的不同思考，也呈现着它几乎所有可呈现的象征、寓意以及其他。它也呈现着不同作家（尤其是不同时代的作家）极为不同的清明理解、人生理解，以及文学理解——这是我们所看重的，也是我们编纂这本书乃至这套书的理由之一。同时，在编辑过程中，为了呈现作家作品的原汁原味，也为了尊重作家的创作意图及其独特的表达方式，包括其中的方言表述，本书没有对作家的原稿做较大改动。

我们可以在他们的文字中窥见自己。我们可以借助他们的文字，理解大致相同和不同的中国节庆，以及大致相同和不同的内心。我相信，这是一本值得阅读甚至反复阅读的书。

是为序。

李　浩

目录

灰吹不起：介子推的清明

李敬泽

公元前 636 年，春王正月，公子重耳立于船头。对岸渐渐近了，晋国迎面而来。

瓜熟蒂落。重耳是一个有耐心的人，他忍耐和等待了十九年——从十七岁等到三十六岁。现在，不是他夺回晋国，而是晋国准确无误地落到他的掌中。

他回过头，却见狐偃立在身后，面容肃然，双手捧着一枚玉璧。他认出，那是他当年赐予狐偃的玉璧，是他和狐偃主从关系的信物。

河风凛冽，重耳觉得身上每一根寒毛森然而立。

狐偃说："臣负羁绁从君巡游天下，臣之罪多矣。臣犹知之，何况君乎？请由此亡。"

巡游天下！呵呵，说得多么体面！那不是什么巡游天下，那是丧家之狗！野狗一样奔窜、乞讨，被人嘲笑，被人轻贱，不知前途何在，不知明天睡在哪个窝里！身边的人越来越少，他们走了，他们看不到希望，只有这个人——狐偃，狐子犯，他的舅舅，更是他的兄弟，没有子犯他早就熬不住了。重耳确信他将不离不弃。而现在，晋国就在眼前，国君的大位就在眼前，这个人竟然对他说："我要走了。我知道过去很多地方得罪了您，我把这玉璧还给您，从此解除我们之间神圣的誓约，我要浪迹天涯去了。"

重耳接过玉璧。

玉冰凉。他转过身，对着滔滔的黄河，把玉璧高高举起："所不与舅氏同心者，有如白水！"

玉璧沉入黄河的河底。它见证着一份新的誓约：在此刻，在他即将成为真正的君王的时刻，他和他的追随者重新确认他们的关系。

狐偃说："过去，我们是兄弟，现在，船到对岸时，我们不再是兄弟而只是君臣，对吗？"

重耳说："不。我们是君臣，也永远是兄弟。"

船靠岸了。晋国的大地一望无际，无数的人在等他，各怀其心。

那天夜里，他终于来了。

寺人披。史书上是这么称呼他的。

寺人，阉人也。被阉割，一刀割去了对祖先、家族、后代和自身的责任，从此他与世界的关系仅仅是他与他的主人的关系。

这个叫披的人，其实也不叫披，他的本名是勃鞮，"勃鞮勃鞮勃鞮"，叫顺了嘴就叫成了"披"。

一个被强行简化的人，从他的身体到他的名字。

寺人披是历史记载中最早的一位武功高强的阉人。从重耳的父亲献公时代起，披的职责就相当于后世的东厂，他负责“干脏活”，替国君杀人。当然，他必定消息灵通，他听得见草叶微动的风。

这个人，此时就站在重耳的门外，他说：“我只是尽我的全力执行命令，‘君命无二，古之制也。除君之恶，唯力是视’，我不会思考为什么杀人，古往今来，如果每个人都要思考和选择，那么军队和监狱都将无法运转。所有的君王，不管是你的父亲、你的弟弟、你的侄子还是你，都离不开我这样的人。”

那一年，公子重耳在秦国军队的支持下横扫晋国，登上君位。然后，他就每天坐在宫中，忙忙碌碌地清算恩仇。

流亡十九年，有恩的恩重如山，有仇的仇深似海。现在，结账的时候到了。漫长的十九年里，在孤寂、困苦和绝望中，支持他熬过来的，恰恰就是此刻——背弃他的人、蔑视他的人都将跪倒在他面前祈求宽恕，为糊涂油蒙了心而后悔而战栗；而那些追随他的人，那极少数人，他们的忠诚和情义将得到报偿，他们将从他的手中获得权力、荣耀、财富和土地，他们和他们的子孙都将永远庆幸他们做出了对的选择。

重耳如神，立于群山之巅，分配雷霆或雨露，决定和更改众人的命运。太阳照耀着他，舞台上的聚光灯照耀着他，万众瞩目，所有的人都在围观这人世最盛大的戏剧。

不知晋文公重耳是否意识到他所具有的原型意义，在后来的中国人心中，恒久地存有一个根本的想象，而他恰恰就是这想象的源头。公元前636年的重耳，他所做的一切都将被无穷无尽地模仿。

他是中国历史上第一位起于江湖的王者。他是公子，但他曾经落入最底层，他带领一支小小的创业团队在毫无希望的情况下长期奋斗，他将是后世的刘邦、刘备、朱元璋，将是许许多多挣扎于泥泞的人梦想成为或梦想遇见的那个人。这样一个人，必有无数的恩仇要料理，而在后世的民间想象中，有恩报恩、有仇报仇，这就是故事的高潮、结局和意义，是人生快意，是生命之大爽。

但重耳知道，快意恩仇其实只是开场。经过十九年的动荡，晋国正处于权力和利益的真空地带，现在，他在重新分配一切，让每个人在新的晋国得到自己的位置，分得准不准，分得是否妥当，这关系到能不能摆稳他的君位、他的江山。

他毫不犹豫，立刻杀掉了晋怀公子圉。那是他的侄子，但他没有这个侄子，他面对的只是一个死敌。还在秦国时，他就迎娶了怀公留在秦国的夫人、秦穆公的女儿。他曾经有所迟疑，但身边人几句话就打消了他的心理障碍：娶了此女对获得秦国的支持至关重要，而你与子圉，“道路之人也，取其所弃，以济大事，不亦可乎？”

他不是你的侄子，她也不是你的侄媳妇，有什么下不去手的？

然而，对在这十九年中留在晋国的人，那些曾经效忠惠公、怀公父子的人，他必须显示出足够的宽大，弃小怨而安众心。毕竟，他不能把留在晋国的人杀光。他大度地赦免了曾经携款叛逃的头须，在后来的《韩诗外传》中，人们甚至想象他和这个叛徒手牵着手举行了招摇过市的游行。重耳深知，在报恩、报仇之外，他必须宽恕。

但有的人断难宽恕。比如披。

披现在站到了门外。他向新主人报到，而且有情况要报告。

披来了？重耳一听就蹦了起来：“你还敢来？好啊，十九年前，我爹派你来蒲城杀我，限你一天一夜赶到，你呢，倒是腿快，没掌灯时你就提着刀到了。我跳墙逃命，俩手还扒着墙头呢，你一刀就砍过来，差点儿没把手给我剁了！”

“还有，我跑出去跟着狄人在渭河边种地，我弟又派你来杀我，限你四天时间，结果呢，第三天你就到了，你当你是高铁呢？这么提速，这么起劲。你还有脸见我？滚！”

然后，披就做了刚才那一番自辩。披冷冷地说：“我还以为你这回回来，长了见识，知道该怎么做主子了，原来你还糊涂着呢。我滚，可以，只怕照这样该滚的人就多了去了，剩下你一个人等着倒大霉吧。”

现在，我们必须注视这个卑贱的披。他此刻提出了一个重要的伦理问题，该问题在这种情景下提出，在中国精神史上具有隐秘的原创意义。

披这个人，让人想起埃希曼，那个集中营里的屠夫，我们完全可以相信，如果他来到集中营，他会成为埃希曼。

披和埃希曼，无情地追杀无辜者，或者漠然地像运送物资一样把千百万无辜者送往死地，他们都是有罪的。

但是，在正常境遇下，他们未必一定就是恶人。披如果穿越到不知哪国，成为法治社会的一个警察，他也许像《悲惨世界》里的沙威警长那样不近人情，但他必定铁面无私。而埃希曼，如果让他管理铁路或民航，必会安全、正点。

也就是说，他们还是他们，他们可能是值得尊敬的人。

那么，在什么地方出了问题呢？

汉娜·阿伦特对此反复阐述，她认为披或埃希曼的问题是“不能思考”，在阿伦特以及她所理解的康德看来，“每个人在开始行动时都是他自己的立法者。通过使用实践理性，人们发现能够也应该成为法则的准则”。

听上去很有道理。但是，以赛亚·伯林对此嗤之以鼻，他说：“我无法接受阿伦特的邪恶之庸常性的观点……那些钦佩她的人，不过是会摆弄字母的文人，他们不用脑子思考。”

阿伦特说披和埃希曼不思考，伯林说阿伦特及其粉丝不思考。

那天晚上，晋文公重耳认真思考了。他走出门，重新认识了披。现在他不会让披滚，他想明白了，他需要披。

重耳确认，必须有人把一种价值中立的责任和义务当作最高法则，否则一个王国或一个政治共同体将无法存续。

果然，披告诉他，有人谋反。披准备以一如既往的热情、干劲和速度执行他的命令。

于是，叛乱者遭到了无情镇压。杀了该杀的，赏了该赏的，用了该用的，天下各得其所。

寂静的绵山下，一个人与老母黯然对坐，他远远地、冷冷地看着世间的烈火烹油、煎炒烹炸。

他叫介子推。介子推属于公元前 655 年跟随重耳出逃的那几十人的小集团。现在，他回家了，和十九年来倚门望子的母亲团聚。

据司马迁说："文公修政，施惠百姓，赏从亡者及功臣，大者封邑，小者尊爵。"弹冠相庆，一片欢腾。但是，偏有一个人被忘了，这个人就是介子推。介子推"不言禄，禄亦弗及"。

你不说，也就没有了。忘了也就忘了。很可能就这么彻底忘了。

在某一个晚上，介子推与母亲说起这件事："献公之子九人，唯君在矣。惠、怀无亲，外内弃之。天未绝晋，必将有主。主晋祀者，非君而谁？天实置之，而二三子以为己力，不亦诬乎？窃人之财，犹谓之盗，况贪天之功以为己力乎？下义其罪，上赏其奸，上下相蒙，难与处矣。”

在这阴暗的小屋里，说出的是重要的话，请屏息静听。

介子推完全否定了文公和臣下之间的江湖和庙堂逻辑，当所有的人都在谈功劳和报偿时，他在谈论天——在这里，天既是超验的，也是中国人所体认的“势”，晋献公九个儿子，现在只剩下重耳，而惠公、怀公父子又不争气，那么，除了重耳还有谁呢？

对当时的晋国来说，选择的余地有限，重耳能够顺利夺位，传檄而定，确实是势所必至。但是，天意在上，人事在下，你不能说人的行动毫无意义，当介子推标举天意时，他是激愤于人的虚伪和贪婪。十九年的流离，介子推是亲历者，他必深知这十九年间人的软弱、人的动摇、人的困顿愁苦，这一切即使在史书上都不慎有所流露。而现在，那些人把这一切全忘了，他们正在争吵着比较功劳，他们的忠义原来也不过是贪婪，他们像一群投下重本的赌徒，竞相索取回报，而晋国就如同等待分割和烹煮的羔羊！

这并非愤世嫉俗，介子推看到的，文公重耳必也看到了。

在船上，狐偃还璧的时候，重耳必定有一瞬间感到面前这个人如此陌生。这是赤裸裸的要挟，狐偃代表着那一群忠诚的追随者：赵衰、魏武子、胥臣等，他们要求明确他们在新晋国的特殊地位。在那一刻，重耳清晰地知道，原来他们和他并不同心，他们另有自己的利益、自己的心。

重耳不是介子推，他毫不迟疑地满足了他们。他知道，这就是江湖的逻辑，也是庙堂的逻辑，人世正是如此运转。在后来的岁月里，他们和他们的后代在晋国形成了侵夺君权的贵族统治，最终三家分晋，三家之中就有赵、魏。

重耳和介子推都看见了。重耳看得开，而介子推看不开。这是一个有洁癖的人，在那个小集团中他必定没有一个朋友，重耳把他忘了，别人也不曾记起他，这很可能是心照不宣的蓄意遗忘。

母亲说话了："盍亦求之，以死，谁怼？"

你也去说说呀，不然就这样待到死，又怨谁呢？

在这里，话开始分岔。介子推是在鄙夷那些争夺奔竞的人，而母亲却从基本的人情世故上劝慰儿子：这么大怨气，不就是因为没有轮到赏赐吗？咱也去说说呀。

介子推像很多儿子一样，有时对母亲的话感到无语，我在谈天道和真理，而你只关心我的委屈。

"尤而效之，罪又甚焉。且出怨言，不食其食。"

让我像他们那样，我不是更下贱了。况且，我已经口出怨言，我压根儿看不起他们君臣，又怎么能再去端那个饭碗！

母亲不甘心，母亲进一步劝说："亦使知之，若何？"

还是想想办法吧，给人家提个醒。

介子推有点恼了："言，身之文也。身将隐，焉用文之？是求显也。"

我已决意从此遁世，还废什么话！

"能如是乎？与汝偕隐。"

母亲到底也不懂儿子的心思，还能这样啊？难道可以在付出一切后放弃和拒绝人世的荣耀与报偿？但是，母亲说："我和你一起走。"母子分别太久了，母亲只有一个念头：我要和我的儿在一起。

在那个清晨，儿子背负着母亲，隐没于山林。介子推再没有说过什么话。他归于沉默。

介子推母子的对话最早见于《左传》，《史记》基本照抄，但《史记》中另有一处重要的补充，那就是，介子推原来是黄河船上那一幕的目击者："是时介子推从，乃笑曰：'天实开公子，而子犯以为己功而要市于君，固足羞也。吾不忍与同位。'乃自隐渡河。"

这一段很可能是太史公想当然所加，或许他看出了《左传》中母子对话所隐含的疑难。

在《左传》中，这几段对话遭到了眼尖的钱锺书先生的质疑：既是母子对话，谁听见来？但这其实不是什么大问题，真正的问题是，在《左传》的语境下看这篇对话，或许会觉得介子推的议论不过是矫情的牢骚，如果文公没忘了他，他很可能早就欢天喜地领赏去了。南宋吕祖谦《东莱博议》中就此洋洋洒洒发了一大篇议论，介子推是老实人，吭吭哧哧几句话哪经得住吕先生那一张利嘴：“今既推咎文公之滥赏，又怨文公之不赏，此近于人情乎？吾是以知推之言，特借理而逞怨也。天下固有迹高而心卑，形清而神浊者矣，如推之徒是也！”

经他这么一说，介子推简直就是一个小人。

吕祖谦此人好一支刀笔，不该论史，该去做状师。他不像是活在南宋，倒像是活在21世纪的互联网上，所求者不过是占一个吵架的上风，他所远的，恰恰就是人情。放下吕祖谦，再看那篇对话，反觉得在说与未说之间曲尽人情，那一定是介子推与母亲真实的交谈。母亲的眼里只有儿子，母亲不懂政治，母亲不理解儿子在想什么，母亲只是觉得儿子在外面受了委屈，“你为什么不去说呢？咱想想办法，别这么憋着呀”。而儿子，他说着自己的话，他并不是在诉委屈，但他同时也不得不回应母亲，“母亲我不能那样，那样更让人看不起……”

吕先生和介子推他母亲的眼界一致，他也是觉得介子推受了委屈，母亲为儿子的委屈而焦愁，吕先生却大喜过望：哈哈，你果然是个小人！

而司马迁，不知道他写下河上那一幕时有何依据，但他终究是有远比吕祖谦高贵的心，当他让介子推与文公、狐偃在河上断然分手时，他已经对后面的对话做出了判断，那不是什么牢骚，问题的要害也不在忘不忘、赏不赏，这是一颗清洁的、可能过于清洁的心在这浊世做出的决绝选择。

介子推，他决不苟且，他蔑视算计和交易，他对这一切感到羞耻，他拒绝参与这个游戏。他对世界和人生的理解偏执而狭窄，但这种偏执和狭窄中有一种森严壁立的力量：他竟然不遵从江湖的逻辑也不遵从庙堂的逻辑，他在无可选择中做了一个选择——从人群中走出，独自隐入山林。

隐何其难也，人世之牵绊竟不能断。介子推大概有两三个弟子或仆从，他们很可能在最终的隐退之前一直追随着他。这实际上也解释了钱先生的质疑，至少，在介子推与母亲说话时，《左传》并没有说明是否有人在场。现在，他们和母亲一样，认为必须说，为什么不说？他们把陈情书写在绢上或帛上，挂到了宫门外：“龙欲上天，五蛇为辅；龙已升云，四蛇各入其宇。一蛇独怨，终不见处所。”

重耳闻报，一拍脑袋，想起来了：“介子推！怎么就忘了他，哎呀呀你看看你看看，太忙了，这都忙昏了头了！快！把他找来。”

或许真是太忙，百废待兴，诸事并举。但也可能是想起了，想了想又放下了。或许介子推看得明白：上下相蒙，在上者等待着在下者的渴望、竞争和乞求，只有这样，一种依附关系才能够确立，一份效忠契约才能够达成。而一个人冷冷地等着，一言不发，你为什么要想起他？他根本就不会感激涕零。但是现在，不能再忘，必须想起，这份公开的陈情把问题提到了另一个层面，那不是介子推的安排问题，而是君王是否公正，是否对得起臣下的忠诚。

一场声势浩大的寻找介子推的运动展开了。

但是显然没有结果。在两千多年前的茫茫群山中找两个决意不见你的人几乎是不可能的。

最终，重耳做出了一个象征性的姿态：把绵山周围封为介子推的禄田，“以志吾过，且旌善人”。

当然，介子推是不会来领这份禄的。

然而，大家不肯放过介子推。

他们说，介子推有大恩于重耳，他在流亡途中曾经“割股奉君”——割下大腿上的肉熬了一锅汤给重耳喝。

他们说，重耳搜山找不到介子推，想出个三面烧山的主意，想把他逼下山来，结果山烧光了，介子推母子抱树焚死。

他们说，因为这件事，文公重耳下令每年此日不得举火，必须寒食，所以有了寒食节。

渐渐地，清明和寒食混到一起，清明成了纪念介子推的节日。

人们不能理解介子推是何等人，但对介子推不能释怀。他走进山中，永不归来，人们不知他的心思，但每每想起他都会感到巨大的悲凉和伤感。在中国文化中，几乎所有的节日都是红火的、热闹的，充满对现世的迷恋和肯定，而清明，是无火的、冷清的、寂寞的节日，人们把这个节日留给他，这个名叫介子推的人。

一千七百多年后的清明那日，被贬谪黄州的苏轼提笔写下《寒食雨二首》，最后四句是："君门深九重，坟墓在万里。也拟哭途穷，死灰吹不起。"

死灰吹不起。苏轼所想的正是传说中那场烧遍绵山的大火。清明是人世对世外的遥望，是遥远的不可及不可知的地方灰吹不起的风，"清明时节雨纷纷，路上行人欲断魂"，在这个时刻，路上走着的是介子推、介子推的母亲、那些对孤独的介子推不能忘怀的人们……

然后，一壶热酒可慰寒意，"借问酒家何处有？牧童遥指杏花村"。

今年清明的颜色

邢军纪

甲辰年初某天，我与小京妹妹约定，今年清明期间，带几个同学去参加她父母的合碑仪式。

小京是恩师王愿坚的大女儿。愿坚先生走得早，我们毕业不久，就听到了先生逝世的消息，那时还没手机，信息传播尚不发达，即使知道也是迟到许久的讯息，更没有亲到灵前祭拜的机会。师母翁亚尼乃疫情后期突然染疾，在九十三岁上去了瑶台，这才有了合葬的议题。

愿坚先生是在解放军艺术学院文学系主任的位置上去世的。军艺文学系首届主任徐怀中履职总政文化部之后，愿坚先生拿过接力棒来到了魏公村。那时，愿坚先生早已名满天下，他先以《党费》《粮食的故事》《亲人》《理财》《七根火柴》等短篇小说蜚声文坛，继而又以电影《闪闪的红星》《四渡赤水》及中篇小说《虹》等称誉全国。我们二期学员就是听着军艺校园里播放的“红星闪闪放光彩”的歌声来到军艺这个“军队作家、艺术家的摇篮”的。

在二期学员里，我是较早接触愿坚先生的，他老人家曾担任过首届总参文学奖的评委，作为总参某部的一名文学后生，我受过他的提携与恩惠，且后来留校又在文学系任教，现在又和老人的家人在一个单位，所以小京妹妹才把我当成“家里人”，与我商议合碑仪式的有关事宜。

我从小京妹妹送来的资料中寻觅到了两位老人战火中的青春。

1949年秋天，为了解放舟山群岛，三野属下的第二十二军来到了浙江宁波。此时的男女主角，一个是二十岁的《麓水报》编辑室副主任，一个是十八岁刚入伍的女学生。军部要培养一批写作人才充实报社，于是办了一期训练班，这样他们才走到了一起。那时，二十岁的王愿坚在学员心目中已是文武双全的“老革命”。他是山东诸城人，其家族在山东近代革命史上赫赫有名，叔叔王尽美、伯父王翔千都是我党的创始人。堂姐王辩是山东省最早入党的两名女共产党员之一。他和堂哥王希坚就是由她介绍参加八路军的。那时的王愿坚才十五岁。由于世代书香，入伍后他们自然成了“一手拿枪，一手拿笔”的革命战士，后来他们都成长为闻名全国的作家。但现实中的王愿坚非常低调，一不炫目，二鲜夸饰，且时露羞涩的表情。尤其是见到宁波姑娘翁亚尼后，少年脸上飞起的红云不时缭绕，渐渐扩展成一首动人心弦的情歌。翁亚尼皮肤白皙，身材苗条，长相姣好，且刚完成高中学业，戎装乍试，美不胜收，集聪慧、知性、健美于一身，完全如一朵触手可及的出水芙蓉展现在面前，王愿坚岂能不动心？史料有记，三年后早春的一天，暮色苍茫时节，在美丽的浙江定海县城的西墙根下，上演了一出古老而又现代的爱情故事。“死生契阔，与子成说。执子之手，与子偕老。”在这首古老军歌强大的引力作用下，一个南下的北方战士，像电影《柳堡的故事》里那个副班长一样，勇敢地牵上了心仪已久姑娘的手。钱锺书在其《管锥编》中曾对这首名为《邶风·击鼓》的诗歌怎样演转成爱情诗篇的来历进行了溯源，只是“纸上得来终觉浅”，而现实版的“牵手记”大概要比在学斋推理刻骨铭心许多。多年之后，当谈起父母的爱情，谈起他们定情的日子，小京妹妹毫不犹豫地说道：“时间是1951年2月28日傍晚，两人相约在定海的南城墙根下……”一个是写作课上的老师，一个是写作课下的学生，两个人把手牵在了一起，这一牵就是一生。尽管其间多次工作调动场景转换，但他们的人生主题始终离不开“写”和“教”两个字。师母转业后当了一名人民教师，红烛白发，桃李满天下，在教育战线上奉献了一生；愿坚先生由记者、作家、编辑到军队院校从事教育工作，恰又与夫人成了同行，“蜡炬成灰泪始干”，一直燃烧到人生终了。

这就让我想到了我们和恩师的过往。

我们二期学生入学时，因名额所限，上“作家班”不易，每个人都是过五关斩六将闯过来的，少年气盛且少不更事，常常闹出荒腔走板的事情博人眼球，或者逗人一乐，以宣示我们的存在感。你不是唱“红星闪闪放光彩”吗？我偏偏唱“我们是害虫，我们是害虫”，把广告歌曲嫁接在自编的歌词上，美其名曰“队歌”，在逢年过节的公开场合演唱，弄得院校领导下不了台。但老主任从来不说什么，只旁若无人地对着台上的“害虫们”讪笑。院领导看他不作声，都以他的标准为标准，也一笑了之。他们都是战争年代过来的，都知道对方的分量，即使是在“护犊子”，他们也尊重这份感情，这种互相尊重的真正的专家治校模式，在我以后几十年的教学生涯里，似乎只出现过这样短短的一瞬。

说老主任是专家，对从事文学和教学事业的人来说，大概无人敢驳。

老人家一生热爱写作，在我们尚处孩提时，他就已经写出诸多脍炙人口的红色经典，可谓我国革命文学和军事文学的领军人物。待愿坚先生到军艺从事教育事业，与写作比较，从他身上可以明显看到“组织需要”的痕迹。我们多次听过老主任讲课——谈小说创作，谈哈里森·索尔兹伯里的《长征：前所未闻的故事》，谈领袖和将帅人物的塑造，谈怎样写好一个兵，等等。在引人入胜的叙述中，往往揉入他精彩的创作谈，而在课堂的后半程，多半是他近期的学术思考和写作构想：“这个人物要我再写一遍就会怎样怎样”，“如果上升到人类意识民族精神去写长征故事将会更加精彩”，“这个红军题材太好了，我马上就写，一放假就开工”……

“生命不息，写作不止”，这句话就是对老主任最准确、最真实的写照。

随着时光流转，我们和老主任的交集渐至岁月深处。

前半程，我们喧嚣、嬉皮、浮躁、耍宝、亢奋、辨析、愤慨、悸动，不管是何种扮相，老主任均从容面对，不露声色。就像是舞台上程式化的固定角色，他扮演的是一个受人尊崇的长者形象，他平静而专注地审视着年轻的我们，留意着每个人的细微末节，他的责任不是说教，只是防止我们跌倒受伤。到了后来，当生活溢出了文学，事物现出苍茫的质地，他才有所讶异，率真和童稚般的纯粹里现出一丝慌乱，但他马上镇静下来。他本质上是个战士，且现实生活中还是一系之主，身后有三四十个学生，他不能乱了阵脚。

他很好地保持了军人本色。

但我们还是感觉出了他的异样。

他的神情有些急迫，似乎只有他看到了危险。“我一生的志向是写尽红军英雄志”，这种类似遗嘱的话语开始出现在课堂上。他急切地申明着，颤抖着手，在粉笔盒里摸出一截粉笔，抖着手把这几个字写在黑板上。他写得非常吃力。他写惯了钢笔字，且流利又洒脱，有毛笔字《灵飞经》的功底，但粉笔字写得少，不如他夫人写得那样得心应手，但终究还是写出来了。看着黑板上差强人意的几个字，他点点头，冲我们笑起来。

我们都读出了这句话的多重意味。

特别是后几层意思：“孩子们，你们是不是也跟上来，写写红军，写写英雄人物?”“时间不等人，我们二期能不能集体冲锋，掀起一次书写红色经典的新浪潮?”……

这个时候，小说家特有的含蓄和委婉已经退隐，他完全将自己变成了红色背景下出现的执火人和播火者那样的角色。他内心紧张，表面平静。他的口袋里似乎永远携带着用油纸包好的七根火柴，随时打算交给能给这个世界温暖的人。可是，形势依然严峻。山高路远，风急雨猛，环境不容乐观，那作为火种的七根火柴该交到何人之手呢？于是他沉思，他蹙眉，他凝目，他将自己活成了雕像的模样。

面对老主任热切的期望，我们二期同学表现出反常的审慎态度。我们的态度有点冷。时代不同了，那时

“新长征”的口号已经提出，既然强调一个“新”字，“老”的、“旧”的东西还能引人兴趣吗？大家都在“寻根”，寻找与众不同的东西，寻找根上的疤痕，铺天盖地的“伤痕文学”“搅得周天寒彻”，你还在那里“红雨随心翻作浪，青山着意化为桥”，搞什么“写尽红军英雄志”，这种抱残守缺式的自恋，能掀起新时代、新文学的高潮吗？那时，人们常拿“时代”说事，这或许就是我们与老主任之间的代沟吧！面对学生冷寂的反应，老主任沉默了。他似乎顷刻间便委顿下来。他常常一个人在办公室抽烟打坐，把自己埋在云雾缭绕的烟幕里，让人看不见他的落寞。

长久以来，我们都认为这是老主任一个人的失意和沮丧，不关我们的事。还有，与老人家的代沟是有的，比如关于小说美学。拿他的名篇《七根火柴》为例，这是一篇绝佳的小说，但斯时以为，或许把其中一节文字删去可使小说更加纯粹——

“那同志一只手抖抖索索地打开了纸包，那是一个党证；揭开党证，里面并排着一小堆火柴。焦干的火柴。红红的火柴头簇集在一起，正压在那朱红的印章的中心，像一簇火焰在跳。”把“那是一个党证；揭开党证，”“正压在那朱红印章的中心”这二十几个字去掉，会使小说格局大变，索尔兹伯里所说的“人类精神”就会立时显现，完全可以获得世界性声誉。老人家一生热爱共产党，他的小说也充盈着饱满的感情色彩。那时的美学判断让我们认为，这就是老主任的局限，也是他和世界性作家相差的距离。

这种“距离美学”的发现让我们与老主任保持了距离，并且有了矜持感和疏离感。我们长大了，自然是要和父辈分离的，不管是物理世界还是精神世界，概莫能外。硬起心肠的一代人，很少顾及老一代人的精神世界，更没有意识到，我们的疏离是对老人最大的伤害。有句话叫“世界上最远的距离是心与心的隔膜”，我们与老主任同在一处却心怀各异，对一个欲传衣钵的老人，他的内心该是何等悲哀凄凉呀！更让人想不到的是，这种疏离感只是一个“存在”事件的肇始。它似乎是被算计好的，像是实验室的一部分。开始是对人的疏离，随之而来的是对红色经典的疏离，继而是对当年轰动、影响几代人的红色经典制造者的轻蔑和漠视，最后让他们变成悲剧式的人物，精神上不再荣光，物质上不再优厚，不再是人生赢家，而更像是落魄的倒霉蛋。让他们失去羡慕和尊崇，身后失去继承者。

我们入学的第二年秋天，我军历史上第二次军衔制度开始实施。

春天的晚些时候，有一段时间老主任带我们几个学员去二炮、总装等单位给文学新人讲课。记得给李鸣生他们讲课回校的那天，轿车上，我正好和老主任坐在一起。因入学之前就有数次交集，学生中，我是唯一可以和系领导“闲扯”的人。我早就听他说过上次评军衔时，他因调整工作与校官军衔失之交臂，有个评衔的领导事后还充满歉意地对他说：“对不起了！下次评衔一定给你评上!”所以，我便打趣道：“老主任，这次评衔不会有事吧，上次是校官，如今又三十多年过去，弄个将军干干不成问题吧!”老主任龇着牙笑了，平生谨言慎行的他，这次却大大咧咧道：“放心吧！没问题！”

秋天说来就来，评衔开始了。随着工作日程的深人，老主任像被霜打了似的，脸色渐渐暗了下来。院部领导开始三天两头往系里跑，接着又是总部首长驾临，系办公室的接待规格逐日提升，多个回合过后，老主任肩上的将星依旧没有灿烂，“问题”还是来了，他还是被挡在了将军衔职之外。

老主任是1929年生人，1988年评衔时，他尚未超龄，也可说恰在范围之内。从十五岁参军，到评衔时，他的兵龄已近半个世纪。这么老的资格，全军同龄人中基本是军以上首长。来军艺当文学系主任，一个师级编制，对他来说平进平出，且青灯黄卷，呕心沥血，对个人似乎没有半点好处，没有天大的理由是请不动老主任的大驾的。据说组织上也确实煞费苦心地对其进行了动员，请了诸多文学前辈来循循善诱，终令其就范。后来我们才知道，让他不得不来的理由只有三句话：一、培养年轻作家；二、老兵新传，继续长征；

三、服从组织决定。

老主任授衔受阻的唯一因由就是：系主任是师级编制。院领导拿着文件过来给老主任做工作，嘴张了几下又合上了。这叫什么事呀！既然知道工作难做，为什么不能在授衔前就把这些因素考虑进去？从授衔吹风到授衔实施，其间有差不多半年时间，总部有关部门和首长们干啥去了？你们提的那些人的资历能跟王愿坚比吗？贡献能比他大吗？你们如果稍稍体恤民意，用点心思，也捎带提他半格，还做系主任工作，只不过在主任后面加个括号，里边填上“副院长”三个字，既不占院领导的名额，又照顾了老同志的情绪，不好吗？你们为下面官兵做点好事出一次格不行吗？现在可好，老同志几天来不吃不喝情绪低落，出了事谁负责？这工作我做不了，你们做好了！

于是总部首长就来了。他赔着小心说道：“王主任，您受委屈啦！我是看着您的小说成长的。我不仅是您忠实的读者，还是您的崇拜者。我知道，您的小说里的主人公多半有您自己的影子，有好多情节出自您的亲身经历。您的小说常常让我感动得掉泪。比如《七根火柴》里用党证装火柴的那个无名战士，如果没有他留下的火种，没有他的牺牲和奉献，怎么会有我们的今天？实际上我就是以他为榜样一步步走到现在的。我相信，小说人物的魅力就是您的魅力。这次授衔，谁也想不到您卡在编制上。接到军艺电话，我大吃一惊，全国有名的大作家、老前辈，竟然还在系里一级岗位上坚守工作，这在全军也实属罕见。现实情况还真是让人生气，您这里兢兢业业，任劳任怨，他那里不分青红皂白，咔嚓咔嚓把您卡下来，要是我，我也会闹情绪的！老前辈放心！我回去一定在办公会上为您反映，争取给您一个圆满的答复。”

见话说到这个份上，老主任有点不好意思了。他说：“有的话我说重了，我收回。我给军委领导写信，一点儿也没客气，我说你们头上的红顶子，就是蘸着我家族的鲜血染红的！我们家族叔伯三代几十名共产党员，对党赤胆忠心，所作所为，可昭日月。但其结局都像我小说里那个无名战士一样，连卢进勇都不是。

无名战士交到卢进勇手上三样东西：党证、火柴，还有他的命。如果说火柴象征火种与希望，党证就象征着光荣与忠诚，生命死亡就是无私奉献。这就是一个共产党员的全部。而卢进勇只是拥有火柴的人，他可以播撒火种，也可以留火自用，进退亦可，可作可弃。不像无名战士一点儿退路也不留。这就是二者的不同。而只有像无名战士那样，这才是毛主席说的‘彻底地为人民的利益工作’。只有像无名战士那样，我们党的事业才会蓬勃发展，生机勃勃。我是这个无名战士的创造者，这个人物有据可依，现实里我的叔叔伯伯他们就是这样的人。但按这个标准，我还不够。所以说，我不该闹情绪，不该说那样的话，我收回……”

当老主任的评衔风波流星般划过天际，一切归于平静之后，我们也到了和老主任说再见的时候。在我的印象里，老主任后期很少参加活动，即使像毕业典礼这样的大活动，即使军委首长、总部首长前来，他似乎也没到场……

两年后，老主任因肺病去世，终年六十二岁。

毕业后，同学们各奔东西，沾了“作家班”的便宜，许多人被分配到了三总部、各大军区及各兵种创作室、歌舞戏剧团体、报社、出版社等单位，生活稳定，事业有成，这些以“害虫”自封的人终于没有丢老主任的脸，在各自的岗位上做出了应有的贡献。随着白衣苍狗的流变，到了老主任当年的年龄时，当某种社会思潮裂变成社会现实时，后知后觉的我们才想到了与老主任的必然联系，想起了他当年的际遇，我们才知道这是命中注定的师生缘分。

当我把老主任合碑的消息向二期同学通报后，得到了大家的热情回应。同学们纷纷表态，应由当年的学员队长孙泱组织活动，京外同学来不了，由京内同学代表，我们成建制参加活动，以彰显军人本色；悼词里要恢复老主任在文学创作上的历史作用和领军地位，不搞历史虚无主义，“红星闪闪放光彩”，以彰显历史的底色；另外，还要写上我们对老主任的热爱和歉疚，他本人就是一本书，一部沉郁厚重的大书，我们至今才稍微读懂了他，应表现出我们迟到的忏悔，饱蘸出师生情感血浓于水的颜色。

记得那天聊军衔时，老主任看见车外有孩子在地上玩陀螺，问：“你知道它的来历吗?”我摇头。他笑道：“古时候，这个东西是颠倒过来用的，也比这大得多，悬挂起来击节，叫‘镳’，作用就像你们河南豫剧戏班乐队敲击的‘梆子’，乃金石之首，丝竹之主。不过，它不在民间，而是在庙堂，伴在君王侧，是一种礼器。‘国之大事，在祀与戎’，非打仗与祭祀而不用，其作用之巨，位置之重，非今日之想象。‘礼’乃‘五常’（礼、义、仁、智、信）之首，‘五经’（《诗经》《尚书》《礼记》《周易》《春秋》）之一。孔庙里有什么?传下来一册《礼器碑》，只写礼器多少件，享公器者得银饷。每件礼器后面都站着一个使用者，且技艺之精，堪称国手，令人尊崇。后来，不知何故，‘镳’被丢弃了，跌落尘埃，被随便砍削，颠倒所用，由大变小，由高尚到卑微，被人当成了玩具……”

而今似乎在印证老主任的话，一朝被弃，任人抽打。只是在这个时候，后生们才由衷地想念老主任，想起他的遭际，想起他的无助，想起我们曾经的漠然，也想起他的小说美学。恩师实在是高瞻远瞩，晚生真无法望其项背，即使索尔兹伯里也无法与之比肩。

史料记载，一九三四年十月，八万六千名男女从江西出发，到一九三五年十月，毛泽东率领的第一方面军抵达陕北时，部队只剩下大约六千人。这就是说，有整整八万红军战士长眠在了长征途中。《七根火柴》里的无名战士就属于牺牲的八万人之一。他那年轻的魂灵在小说里正欲飘飞，两眼已经蒙眬。这正是一位日本作家谈小说创作时所推崇的那种“临死的眼”。只有经历过苦难和屈辱的人，才会有所希冀和寄托，才会把信仰当成他生命的光。这就是有“临死的眼”的无名战士何以把火柴放在党证里的内在逻辑和思想轨迹。人的生命只有一次，不管是谁，王侯草根，高贵卑贱，人死如灯灭，死了只说明生命结束，不会留下任何痕迹。但一种事业却呈现出另外的生命景象，尤其是以解放全人类为奋斗目标的中国共产党。所以，只有党才是他实现愿景的坚实依凭，也是存放他灵魂的地方，他会在这里获得永生。这是他生命之火行将熄灭时的人生箴言。倘若没有这样的人生体验，没有中国共产党人的生命实践，作为外国人的索尔兹伯里，即使他身怀绝技，也很难写好中国故事。

四月芳菲花信风，天上人间共春光。

当我们如约而至，来到九里山公墓老主任和师母的碑前时，我们原来的主场意识立时得到了纠正。老主任家乡山东诸城市委、市政府、相州镇的代表来了，他原来工作过的八一厂、出版社的战友同事们来了，更有各年龄段的庞大的读者群与其家乡亲人团比肩继踵。墓前数不清的花篮花圈，与活动人流手中的花束竞相纷呈，使人目不暇接。人们热烈相拥着用赭色山石砌成的墓碑，用诚挚的爱意汇入它温暖的色调。我们很快又把这里当成了二期生的主场。孙泱、刘增新、李忠孝、王贤根、柴锋、刘业勇、李东才，老师代表黄献国及往届学生丁潍河，我们列队站在墓前，如接受恩师的教诲。特别是学员队长孙泱的致辞，他的专业和激情，不仅感染了大家，也让人产生联想：他似乎正在先生的课堂上做即席发言……

许久以来，二期同学一直弄不清“我们是害虫”的作者是谁，致使它成了一件世纪公案。但我一直怀疑是海军诗人陈云其，他的绰号叫“海豹”。现在，老同学陈云其已解甲归田，回到故乡——恩师与师母当年牵手的地方，过起了“有钱人”的生活。人生的奥秘谁也说不清楚，或许你的日落，就是他人的日出。得知恩师合碑的消息，无缘莅临的陈云其当即赋诗一首发在同学微信群，既表心情，又为此事做了总结——

怀　念

——谨以此诗献给恩师王愿坚与师母合碑之仪

怀念魏公村枣树的新叶
怀念风中的蓝布帘子
怀念您捧一杯春天
和我说雪山的苦寒和牺牲

怀念二万五千里的长路

怀念少年中国的信仰

他们年轻却向死而生

现在

您就走在苦难风流的

队伍里

怀念大渡河两岸的青稞

怀念老百姓用粮食

喂养大的革命

怀念您一笔一画地

教会我低下头，记住悲悯

记得感恩

怀念冬贮白菜的北京

怀念深一脚浅一脚的爱情

怀念您抽烟的样子

您的指尖落满了温暖

怀念曾经划亮我青春的火柴

怀念以自由之名

无拘无束

怀念您的奉献

您的精神——

那是激情岁月的燃烧

请原谅我的哀思

不说痛苦

请接受我的祈祷

您在天堂把我的怀念

做一只花圈吧

敬献您的灵魂

您的不灭的火焰

海豹　陈云其/是日凌晨于浙江宁波

清明·那些消失的人和消失的事

和晓梅

1

最早的时候，认识我们这个家族，认识我们这个家族的命运并感受到与之产生的神秘关联，是从清明节上坟的时候开始的。

出于对祖先的尊崇与膜拜，和中国的其他很多地方一致，云南西北部纳西族视清明为一年当中最庄重的节日。因为关乎先祖们的护佑，与每个人息息相关，所以任何一个环节、任何一个仪式都将得到足够的重视。

可以去上坟的时候我们都已经超过13岁，算是成年。那时候坟茔简陋，没有碑文，只知道都是祖先，认不出谁是谁，大人叫跪就跪，叫拜就拜，注意力都在别处。

老家在丽江东坝子，靠近东山的脚下，叫达瓦村。坟地在达瓦村后面的东山上。这一带的山连绵不绝，无限地蔓延，山上长着松树与杉树。山与山之间由一些崎岖的小路连接，来自雨水的冲刷或是人为的开辟。

熟悉山的人会听到山的呼吸，一种来自躯体内部的会产生共鸣的声音，悠远却空洞。

更熟悉山的人还会听到山的叹息，比如我奶奶。当清明节上坟的时候，如果我们过于喧闹，她就会对我们说（用纳西语）："安静点，你们这么吵，山都在叹气了！"

她总是能听得见山的叹息，有时候她会问我们："你们都没听见吗？就在刚才，这么重的一声。"她不但能听到山的叹息，还能感到山的痛苦，有时候她问我们觉不觉得山也很可怜。

我们不觉得，在山里我们只觉得很稀奇。

她常常感到愧疚，我们都要下山的时候，还会发现她跪在山神面前絮絮叨叨，不停地道歉。

2

在祭拜祖先之前，一只公鸡被带到山上来，由家族里的一名成年男性，左手抓紧翅膀，右手持利刃，割喉。伴随着公鸡的惨叫挣扎，鲜血淋在一块形状如山的白色石头上。

这块白石，就是山神。每个家族都供奉有一尊山神，忠实地为我们守护先祖们的灵魂。这是山地民族和山的关联。

这个环节全体人员参拜。我每次在俯身又抬头的时候，看得见殷红的鲜血从白石的沟壑间缓缓流下，作为一个未成年人，这时候内心是有一些惊惧的，但同时，一种来自山的伟岸之力，神秘之力，会在周遭秘密扩散，我能感受到它们的存在，仿佛有阔达无边的目光，正怜悯地落在你的身上，洞悉你的惊惧，容纳你的悲喜。

我和我的所有家人都相信，山神会在这个时候醒来，给出慈悲的回应，护佑包括我曾祖父在内的所有先祖，以及他们的后人。

3

曾祖父是一位享有盛誉的东巴，在他之前，这个家族每一代都会有一名男性成员承担东巴的职责。但是唯独在他这里，因为在巫术中融会了精良的医术，所以他在丽江东部拥有极大的名望。

父亲会在一座看上去最为古老的坟墓前驻足，他把我们召集过来，告诉我们，曾祖父就埋葬在这里。

需要声明的是，在丽江，身处东巴世家不是一件特别值得炫耀的事情。简单说，东巴是纳西族的文化人，负责把那些用象形文字记载下来的经文，以吟诵的方式告知大家。内容涉及：创世、迁徙、战争、婚嫁、丧葬。

众所周知，文化人不擅长经营，在经济上，东巴和其他人一样贫穷，也许还会更严重些，他们只是一个家传的职业。

接下来父亲会带着我们到另一座矮小的坟茔前，在这里我们不需要祭拜，因为这是一座假坟，是后人们为我失踪的小爷爷修建的，目的就是把住东巴家族的这块风水宝地。

多年前，在衣钵的传承上，我曾祖父一度陷入踌躇，按照规定，他应该把职务连同他利用漫长的人生领悟到的精髓、实践出的医术，传给他的长子——我的爷爷，可惜这个人天资聪慧却是个酒鬼。

当然，他也不是一生下来就是个酒鬼，只是在孩提时代，在曾祖父物色继承人的时候，他就显示出酗酒者的一切品质：好吃懒做、投机取巧却意志薄弱。

在屡次失败之后，曾祖父只好将目光落在他的小儿子——我的小爷爷身上。我的小爷爷，据我父亲说是个沉闷的人，并没有给我的曾祖父带来更多的信心，但他还是开始了艰难的授课。

完全可以想象这个过程的被动和焦灼。

年少时的我，每次站在这座矮小的坟茔前，常常感觉到有一些跨越时空的重合，能让我进入这位从未谋面的亲人内心。他的沉默寡言，不时袭来的忧郁，突然爆发的愤怒，逐渐孱弱的身体，其实都是柔软的抵触。

但所有柔软的抵触，最后都会被忽略。小爷爷在他年满 30 岁的那天，带着两本自己喜欢的经卷，走进当时密不可进的森林，从此，杳无音信。

4

关于继承衣钵这件事情，我父亲所面临的问题与我曾祖父截然不同。

除非是文化方面的刻意保存，现代社会不需要一个实际意义上的东巴，很多祭祀仪式已经消失，肉体上和精神上的痛苦，依靠的是现代医学和现代心理学。东巴的意义，早已荡然无存。

父亲不需要选择一位继承人，他需要的仅仅是我们这个家族拥有的东巴血脉，能在现代社会里，以一种合理的方式得到留存和延续。

那么，学习是很有必要的。

所以，年少时候，每一年的清明节，都要重复关于祖先的故事，父亲想通过讲述来建立我们和故乡的密切关系，和家族的密切关系，和东巴文化的密切关系。

先祖们的形象在这些反复的讲述中逐渐清晰起来。

我的曾祖父最大的贡献是潜心研究出的一服药剂，专门用来治疗跌打损伤。这是一服包含 14 种中药材的秘方，碾碎混合了之后用一种黏性极强的红土搅拌，涂抹在患处。严重的情况下，还要用红泥再涂抹一道，把整个伤口固定起来，充当的是现在石膏的作用。

受伤的人因为疼痛剧烈，非常抗拒必要的检查和修正，他特意修建了一张具有熏疗功能的土床，用土坯砌制而成，底下中空，放置烧过的草药秸秆，烟雾透过土坯缝隙升起，在患者周围缭绕，适度的温暖和氤氲的气息，很快能让患者昏昏沉沉。

这张床我们都见过，一直保留到达瓦村修建铁路进行整体搬迁的时候，这张曾经为无数人解除剧烈痛苦的土坯床，才随着推土机的轰鸣，灰飞烟灭。

至于说我的小爷爷，没有太多关于他的业绩的记载，他始终以一个忧郁的、携带着叛逆因子的少年形象出现，即使他离家出走的时候，已经年满 30 岁，但在我们的心目中，他还是一个少年。

当年他携带着两本经卷离家出走以后，我们这个家族就进入了漫无边际的寻找中。

那时候我们还没有出生，我父亲也还是个孩子，他们把画有我小爷爷画像的寻人启事贴在村口，贴在学校外，贴到丽江古城里人群汹涌的地方，贴在马锅头途经的人迹罕至的小路边。

他们不分昼夜，分成无数支队伍，翻过一座又一座的山，呼喊着我小爷爷的名字，夜里点亮的火把，如一条火龙在黑暗的山谷蜿蜒游走。

他们还等待着我曾祖父手里占卜的鸡骨落下，指出方向。但东巴无法为另一个东巴占卜命运，他们等到的只是我曾祖父眼里潸然落下的一滴浊泪。

经年累月的寻找，换来的还是小爷爷固执的沉默。

就是没有人相信他会死去，在属于他最后归宿的地方，后人们为他修建了假坟。

每年的清明节，父亲在一次又一次重复先祖们的故事以后，紧接着总会跟我们说，要学习一些东巴文字，以便于理解东巴文化的内涵，因为这是我们祖先留下的宝贵的精神财富。

5

除了父亲和其他长辈的讲述，我们甚至还有原版的学习教材——一本家传的羊皮经卷。

我小爷爷带着两本经卷离家出走以后，剩余的经卷与我曾祖父祭祀祈福时候使用的法器，在20世纪60年代末期，由于没有得到有效的保护，失散了。10年后，还是有一些纳西人，出于虔诚，把他们这些年来冒着风险小心保护下来的东西陆续交还给我爷爷，这些经卷和法器，所剩无几但完好无损。

那时候我爷爷已经有两个儿子，一个在部队，一个是国家干部，都有看得见的美好前程。他本能地意识到，保留这些东西是件危险的事情。于是，这个从早到晚都处于微醺状态却保持着人间清醒的老人，把这些来自祖上的物件，统统捐献给国家。也许这就是为什么曾祖父选定的继承人下落不明，而嗜酒如命的爷爷却能安度晚年。

第一次翻开这本古老的经卷，那上面的文字，瞬间让我觉得似曾相识。

所有的似曾相识都是因为在梦里有过相遇。

我梦到过我的小爷爷，在有一年的清明节，父亲又一次讲完他的故事以后，我就梦见了他。他在曾祖父那张烟雾缭绕的土坯床上醒来，坐起身，膝盖上摆着一本东巴羊皮经卷。他慵懒地翻开羊皮经卷，在梦里，我的目光曾短暂地落在上面。

现在，这本古老的羊皮经卷就放在我们家的一只香樟木箱子里。

这只四面打着铁皮护角的香樟木箱子，制作于 20 世纪 70 年代末。目前，由家里最年富力强的成员爬着梯子架到衣柜上面。据我所知，里面包括但不限于以下内容：一本羊皮制成的东巴经卷，一卷打开来长约一米的黑白雕版印刷神路图，一台电唱机，一件我父亲买给母亲的毛呢大衣，以及几封发黄的信件。

6

实际上，我父亲屡次让我们学习东巴文字，学习纳西文化，但是学了到底用来做什么，他自己也很茫然。毕竟，他所面临的是一种在现代社会里消失的文明。

父亲并不是特别聪明的人，学历也很低，但他非常努力，特别擅长自学，掌握了很多东巴文化，能体会到民族文化里博大精深的内容。可是这些内容，在他的实际生活里，没有发挥出任何作用。这让他对这件事情的意义感到怀疑、犹豫和痛苦，对我们的要求也随之变得模棱两可。

但是在我考大学之前，父亲的思路却突然清晰起来，突然变得很有底气，并把这种底气实施到对我的大学志愿填报指导中。

高考来临了，我的学习虽然没有名列前茅，但也一直保持在中等偏上水准，可以勉强考上一个重点大学。

“你要学民族学、历史学，或者人类学，然后把东巴文化研究作为主攻方向，以后，成为这方面的专家学者。比如说，中央民族学院的民族学就非常厉害。”父亲目光坚定，语气铿锵地说。他拿着放大镜，抱着两本厚厚的志愿填报指南反复研究，并用红笔在上面勾画重点。

可是我想学的是文学。

在人生规划这种事情上，我当然得听从自己的内心。

那段时间我也没有时间和他辩论，辩论就要说狠话。狠话谁不会说？我但凡问一句：“那为什么我小爷爷到现在都下落不明？”我父亲都将哑口无言。

可是我从来也没有说。

后来我可怜的父亲看到我的录取通知书，云南大学汉语言文学专业。他沉默了一会儿，无言以对。

7

在我的小爷爷年满100周岁那年，家族的后人们为他修建了衣冠冢，就在先前那座假坟的位置。墓碑上，他的名字前，还是刻有“大东巴”的字样。他们依然不相信他已经死去，只是不愿意继续等待而已。

因为所有的等待都将迎来结局。

他的结局，就是最后的回归。

其余简陋的坟茔也重新进行了修葺，曾祖父的墓碑上刻有“大东巴卜东海之墓”的字样。我自此也才知道这位先祖的东巴名讳。

不知道在哪一年，清明节杀鸡的环节突然就取消了。我问二叔：“怎么今年不杀鸡了？”

二叔的回答简单明了：“家家都不杀，我们也不杀了！”

世界上总有些事情，就这样莫名地从你身边消失，或许短暂地留存在一些人的记忆里，但随着他们的死去，终将了无痕迹。

没有殷红的鲜血沿着石块沟壑缓缓流下，家家的山神都呈现出白石的底色，间或有一些黛青色的纹路，像一位位慈眉善目的老爷爷。

把我们先祖的魂灵交给这些慈眉善目的老爷爷来守护，似乎也很安心，一派岁月静好、盛世太平的模样！

8

最后，我们家只剩下一件事情了，就是那本羊皮东巴经卷的管理。

神路图复印件已经扔了，因为时间久远，图案已经模糊。况且现在的印刷质量，你想要多清晰就有多清晰，想要多精美就有多精美。

我父亲有了意外的收获，他没想到自从我开始写作以后，书柜里关于东巴文化研究的书籍逐渐多起来，我的写作不需要研究东巴文，需要的是研究成果，因为我有很多文章涉及这些领域。在写来自纳西族东巴经典籍的神话时，我几乎读完了《纳西东巴古籍译注全集》100 卷。

我父亲，从此以后，永远都不需要对我进行任何的提醒了。

经卷的保管却是个麻烦事！

问题不在于文字。为了延长保存时限，聪明的古人在碳粉里加有草乌和锡水，所以文字里有细小的光泽，直到今天，这种原始的书写材料留下的字迹也没有任何的褪淡、模糊和洇染。问题在于承载文字的羊皮。

尽管用来书写的羊皮，已经使用当时最好的技术进行硝制，但它毕竟是动物的皮肤组织，会发霉，会分化，会脱落，会消解。

那么最好的办法就是把它捐给东巴文化研究博物馆。

我父亲不同意，他说我们家已经捐过了，这一本是他偷偷留下的纪念，唯一的纪念！

既然父亲不同意捐献，那我们还能怎么办？

有一年的梅雨季节特别漫长，经卷上长出绿色的霉斑，我父亲用小锉刀一点一点刮下来，在梅雨过后的阳光下晾晒。第二年，装订的线又断了，由于找不到这种特殊的羊皮硝制的线条，我父亲到民族服装厂高价买了一件七星羊皮披肩，因为这种昂贵的披肩会使用很细的羊皮硝制的线条，作为装饰的流苏。

接下来的又一年，我们惊恐地发现了一些摇摇欲坠的组织，感觉就要脱落。我父亲去東河找到一位高明的皮匠，希望他能做一些修补。可是他拒绝了，他说这是一件古老的物件，要是修坏了他担不起这个责。

我们不敢给博物馆打电话，也不敢求助于任何一位专家，只好把那只沉重的香樟木箱子抬上去又搬下来，盖子打开又合上，周而复始，无休无止。

慢慢地，我父亲老了。他不但老了，还患上慢性骨髓增殖性肿瘤，这是一种血液中的恶性肿瘤，他的身体非常虚弱，也非常消瘦，早就无法把香樟木箱子放到衣柜顶部。

做这项工作的是家里最年富力强的成员。终于，他也“破防”了，他说他的意见是不要再频繁地搬这只箱子了，就让这本经卷好好待在箱子里，最多，平时放一点樟脑丸，梅雨季节再放一点干燥剂，就足够了。

我和父亲对视一眼，突然觉得如梦初醒，如释重负！

的确，每本经卷都有它自己的命运，我们没有必要去修改它的命运。

就我们所知，那么多的东巴经卷，有的妥善保管在东巴博物馆里；有的经由美籍奥地利植物学家、探险者约瑟夫·洛克之手遭多次贩卖，进入哈佛大学、意大利罗马东方学研究所、西柏林国立图书馆；还有的随着洛克遭遇的海难，缓缓坠入深海，葬身海底……

那么，其中的一卷，就有足够的理由，永远地保留在我们家的一只香樟木箱子里，然后，流传在一个东巴家族的记忆里。

未来的许多许多年，或许100年，1000年，它将无可阻挡地霉变、脱落、分离，它将化成齑粉，吹散，消失，不复存在，就像这个世界上那些永远消失的事情，永远消失的人。

了无痕迹，无处可寻。

但是，这也许已经是它最好的命运。

思念的那头

刘建东

母亲从街头买了两沓闪闪发亮的金箔纸，纸张略厚，长方形，表面呈金黄色，背面则是白的。每当闲暇，母亲就坐在沙发上，很认真地把金箔纸叠成元宝状。一看到这一幕，我们就知道，清明节快到了。

临近清明，世界仿佛豁然开朗，气温缓慢爬升，空气清新，春光明媚。一到此时，人们的心绪自然就会发生一些变化，就会想到逝去的亲人，仿佛空气中都带着一丝忧伤的凉意。《岁时百问》中说："万物生长此时，皆清洁而明净。故谓之清明。"在二十四节气中，清明是一个相对特殊的节气，它既召唤人们走出室外，去拥抱美好的自然，又忧伤、阴郁，饱含强烈的情感色彩和文化气息。相对于只与农事相关的节气，它的内涵更饱满，外延也更丰富，极易令人触景生情，入诗入画，入人们思念的梦境。起初，清明只是一个与农事相关的节气的名称。上古时代民间就有扫墓祭祖的习俗，唐太宗李世民将清明节赋予特殊的祭奠意义，他在位期间，规定清明节为重大的祭祀节日，并且规定了祭祀的方式和时间。清明的文化内涵渐渐地固定下来，变成纪念先祖的节日。

母亲没上过学，她从来不知道清明节始于何时，为什么会被赋予那么令人忧伤的思念之义，可是她知道，当北方顽固的寒风退却，当沉睡的万物开始复苏，当和煦的春风开始在平原上自由地掠过，当绿色悄悄地爬上树枝，当桃花迫不及待地盛开，当湿润的空气装点了我们的昼夜，这一切预示着，春天来了，深埋在平淡日子中的记忆就会被唤醒，梦境里也会不时地闪现熟悉的身影，身体里仿佛有一个时钟在提醒她，是该回老家给父母烧纸的时日了。如是往复，年复一年，从未间断。而每一次，她都做得那么虔诚，那么仔细。城市的街道上，售卖祭祀用品的摊位开始增多了，惯常的纸钱及各种祭奠的物品琳琅满目，叠好的元宝也不鲜见，但母亲宁愿买来金箔纸，自己亲自动手，叠成一个个元宝。也许在细致而用心的叠纸过程中，旧日的点滴情景会从她心底里涌流出来，顺着她温热的手，传递到元宝上，而一个个元宝，在她的注视下，似乎也有了某种生命和记忆。看着母亲耐心的操作，要叠成一个个元宝，似乎并不太难。我便自告奋勇地助力。在母亲手把手的指导下，虽然很容易上手，但我叠出来的金色元宝就是不如母亲叠的耐看。好在，母亲也并不求全责备，只要我尽了心，母亲说："地下的姥姥姥爷会知道的。"

我问母亲："姥姥能收到吗？"

"能。"母亲低着头，并没有停下手中的活，"怎么会不能呢？”

“元宝在阴曹地府里能用吗？”

母亲不假思索地说：“当然能用。”

“那她会用元宝买点什么？”

母亲说：“点心，衣服。”

吃和穿，母亲都替姥姥姥爷算计好了。

姥姥喜欢吃点心，这是母亲时刻铭记着的。小时候，我就盼着放暑假。一到暑假，父母就把我和弟弟送到老家，在姥姥家能待上一个假期。回老家之前，准备工作是必不可少的。母亲细心地挑选一些点心，桃酥、饼干、蛋糕……点心包在一个大包里，一路上小心翼翼，唯恐把点心碰碎了。那个时候，母亲回乡的迫切心情，并不是一包点心可以容纳的。点心与元宝，是何其相似。而现在，她怀念的心情又何止是一包手叠的元宝所能表达的。

姥姥家的堂屋有一个小里屋，靠东侧，没有门，平日里吊着一个厚厚的碎花棉布帘子，与堂屋隔开。姥姥接过母亲从城里带来的点心，掀开帘子，进了里屋。

与母亲寒暄之后，姥姥冲着我们几个小孩子摆摆手，我们便尾随着姥姥进了里屋。姥姥小脚，走路却快而有力，悄无声息。里屋的地方狭窄，北边堆着一些杂物，南墙开着一个小小的窗户，窗户上有很多方方正正的窗棂，糊着白色的棉麻纸。紧挨着窗户有一盘炕，炕上蹲着一张小炕桌。一个大大的篮子占据了桌子的一大半。姥姥从篮子里拿出一包包的点心，摊开，让我们吃。我、弟弟，便迫不及待地狼吞虎咽起来。点心自从被母亲买到家里，我们早就惦记上了，直到现在似乎才知道桃酥是什么味。姥姥微笑着，轻声细语："别着急，慢慢吃。"每次回老家，我都特别向往那个小小的、光线有些暗淡的里屋，我总觉得，那间小小的屋子，有某种魔法似的，好像有永远也吃不完的点心。我也永远记得姥姥招呼我们时的笑容。而每次，母亲都会提前叮嘱我和弟弟，不要太贪食，不要把姥姥的点心都吃光了。可是，哪个小孩子在被美食诱惑时能记起大人的忠告？

母亲心里总是惦记着姥姥。每年，母亲都把姥姥接到邯郸住一段时日。除了照例买些姥姥爱吃的点心之外，母亲总是变着法子让她吃好。不同的早晨，母亲从早餐摊上给姥姥买来菜角、炸糕、豆腐脑、豆沫……母亲看着姥姥吃饭的情景，在缓慢移动的时间光影中，被抹上了淡淡的暖色调的晨曦之色。

在不紧不慢的准备之中，清明渐渐地逼近了，母亲为姥姥姥爷准备的元宝也大功告成了。那些大小统一的元宝摆在桌子上，被阳光一照，甚是好看。她早就准备好了一个大大的袋子，把元宝小心地放进去。装满了元宝的袋子鼓鼓囊囊的，轻盈却沉甸甸的，那是母亲的诚心与想要挽回时光的美好愿望。再加上烧纸、晕车药，母亲出发了。

当终于踏上归途，她从来不知道唐朝有过一个叫杜牧的诗人，也从来不明白杜牧的“清明时节雨纷纷”这句诗意味着什么，可是母亲坚持认为，长眠于隆尧县苏庄村西地下的姥姥和姥爷，一定在等着她的元宝和思念，一定在等着她要和他们说的话。回乡的路总是很漫长，通向老家苏庄的路，是通向记忆、通向母亲的过去、通向快乐的旅程。路途十分不易。母亲要背着好几个包，从邯郸坐火车或者汽车到邢台，然后在邢台汽车站等待着下午两点发往苏庄的汽车出发。挤在公共汽车上的归乡的人们，都显得那么急迫，车子早开动一分钟，似乎就意味着离逝去的亲人更近一点。

一闪而过的乡间春色，总会牵引着母亲的思绪回到过去。乡间公路相对较窄，仿佛是一条纤细的线，在广袤的华北平原上笔直地伸展。两旁密集挺拔的杨树也不高大，显然它们的树龄还很小。母亲没有上过学，这是她一生的遗憾，也是她内心隐隐的痛。在他们兄妹六个中，只有母亲一天也没有进过学校的门，因为要照顾年幼的妹妹，帮助姥姥打理家里的生活日常。当姥爷姥姥不得已做出这个决定时，当时的母亲，看着背着书包的哥哥姐姐，内心有种说不出来的苦涩。她羡慕他们的书包，羡慕他们能每天去学校，尤其羡慕他们能认得书上的字。舅舅和小姨都考上了大学，大姨和三姨虽然也仅上过几年学，却能通过学到的有限的知识去了解和认识更广阔的世界。只有母亲，在她和世界之间，有一条宽阔的知识的海洋，无法逾越。而正是人生中这一重大的缺憾，才让母亲没有更多的人生选择，母亲只能与男人们一样，从事着繁重的体力工作。我没有见过母亲工作时的情景，我只是在她的只言片语中约莫了解她艰苦的工作环境，一个有着快乐童年的孩子，怎么能体会到劳作的辛苦？怎么能体会到一个母亲的付出？但是我清楚地记得，一到晚上，劳累过度的母亲就会趴在床上，让我和弟弟轮流给她踩背。我和弟弟只是觉得好玩，争先恐后地在母亲的背上走来走去，走得不稳，还会从母亲的背上滑下来，引得我们都笑逐颜开。我们只是把它当成一个游戏，却哪里清楚母亲的身体所承受的压力和日积月累的隐患。当母亲的年龄越来越大，年轻时辛苦付出的后果便显现了出来，各种毛病纷至沓来，颈椎、腰椎都出现了问题，与病痛的搏斗成了她生活中的日常。母亲却从来没有怨恨过谁，从来没有退缩过，似乎只能认命，在那苦难的岁月里，毕竟，对于知识的渴求，并不是家庭中最重要的选择。在母亲身上，我总能看到姥姥的身影。姥爷独自在公社里工作，家里的事基本都落在姥姥的身上，照顾六个孩子，料理田间地头的事。我怎么也想不通，姥姥瘦弱的身躯是如何扛得起那么沉重的担子的。自我记事起，似乎姥姥就是一个小脚老太太，但精神矍铄，头发梳得整洁熨帖，脑后的发髻永远都是那么完美，对每一个孙辈都爱意浓浓。我相信，不止我一个，我那些表兄妹们，都会记得那个光线昏暗的小里屋，记得小炕桌上的篮子里那些难忘而甜蜜的点心，它们时时地出现在我们的回忆中，让我们感受着心头丝丝的甜蜜。

母亲的辛劳，看在眼里的姥姥是不安的。姥姥时常说起没有让母亲读书的事情，神情中透着无奈。当姥姥触碰到这个话题时，母亲总是一笑而过。在她的内心深处，从未有过对父母的埋怨，也就从来没有过原谅这一想法。不懂大道理的母亲知道一个浅显的道理——生活原本就是这样，有如意的地方就会有不如意的地方，有顺境也会有逆境，就看你怎么去看待它。

母亲晕车的症状并没有因为时间的流逝而改变，这给她的旅途带来了无尽的烦恼。然而这并没有阻挡她回乡的脚步，她早就算准了时间，吃下晕车药，这会稍稍减轻眩晕带来的一些烦忧。和她一样，此时，从山东东营出发的大姨、从邢台出发的小姨，也踏上了清明返乡的路途。大姨的路程更远，她要跨越山东赶回河北。距离，并不是阻隔思念的问题。她们的步伐从来没有过犹疑，也从来没有耽搁过。

在母亲数十年的印象里，开往苏庄的汽车是拥挤的、悠闲的、浑不讲理的，它像是打着瞌睡一路向前。不管怎样，只要目的地是她要去的地方，这就足够了。黄昏时分，汽车才喘着粗气，停靠在村西口的三岔路口。随着人流，母亲背着大包小包从车上下来，远远地就看到了村头自己的家。母亲的眼睛便湿润了。姥姥家守着村西口，村子东西主街道的路南。因为汲取了1963年发大水的教训，整个村子都建得高高的，大约修在一个垫起来的土台之上。时光时常会给她以错觉，仿佛以往的某一个时刻重现：她从车上下来，第一眼就是望向自己的家，她往往会看到一个瘦小的身影，站在高台上的门口，正手搭凉棚向西边眺望。夕阳西下，给那个身影涂满了绚丽的晚霞。她揉揉眼，这才看清，门前没有那个熟悉的身影，它空空落落的，等着母亲用记忆去填充。

在舅舅、大姨、母亲、三姨、四姨和小姨的意识中，因为记忆的复苏，因为思念的深刻，因为情感的聚拢，生与死的界限会变得模糊。旧时的情景会在他们的头脑中闪现，会在他们久别重逢后的言谈话语中慢慢清晰起来。他们感觉仿佛又回到了若干年前，姥姥姥爷在世的时光，每到两位老人的生日，他们从各地幸福返回的情景。他们真切地知道，姥姥姥爷的音容笑貌从来没有离开过。时光，在生死之间，已经匆匆逝去。蒲松龄在《聊斋志异》的《陆判》中，借陆判之口，说“生死一耳，何必生之为乐，死之为悲”，意思是说人要平等地对待生死，因为生与死是一回事，不必为了活着而快乐，为了死亡而悲伤。但是毕竟，死是生的伴生物，是生的终点，只有经历了一个完整的生的过程，所谓的一生才有了意义。我们渴望着生的快乐，死的安详，是因为我们想要记住那些充满着人间暖意的瞬间，想要记住我们为了好好地活着而付出的艰辛与努力。

清明，母亲回乡的路从来没有中断过。她的年龄越来越大，身体状况一年不如一年，每天要吃的药在渐渐地增多。有时，我不忍看她返乡时的辛苦，劝她不要再回去了，在哪里纪念姥姥姥爷都是一样的。母亲显得很倔强，她说："你大姨那么远都回去，我能不回去？"停了一会儿，她又说，"你姥姥脑子特别好，谁没有去，她肯定知道。"母亲的说辞显然很牵强，并不成立，但我再没有反驳她，我知道，是她自己想要回去，想要有一个清明的借口，去看看生她养她的地方，去向姥姥姥爷诉说一下心里话。

元宝会在火焰中毁灭，变成烟灰，然后随风而逝，或者被雨浇成黑色的灰烬，与母亲心中要和姥姥说的话语合在一起，慢慢地渗进泥土里，离姥姥更近。母亲积攒了一年的话语也都告诉了姥姥。她和兄长姐妹们再次告别，相约明年清明。

天国上空的月亮

雷平阳

1

清明。回家给父亲上坟，在路上，母亲指点着对我说：“门前的这条河流，很多年没有人跳水自杀了！”这条河流已经不能称之为河流了，它不流动，听不到水声，即使某一天下游拦河大坝上的闸门打开，它也是块河流形状板结了的奇怪的物体，被一种邪门的力量推动着向下移动。这些板结了的水，由形形色色的原料组成，有农耕时代的死畜、玉米秆和稻草，也有充满现代性的塑料泡沫、塑料袋子、牙刷、避孕套、塑料模特等。如果你戴着防毒面具，决心对这些东西进行更准确的细分，里面还有超现实主义、魔幻现实主义、象征主义、野兽派、存在主义和革命的浪漫的现实主义的边角废料。它们彼此之间没有距离感，互不排斥，死死地抱在一起，尽力地挤出体内的水分，将流动感和声音，将浪花和波涛彻底扼杀。

河面上生长着疯狂的恶之花和恶之草，如果中午的太阳足够毒烈，那恶的灰色气泡就会为人们奉上浩浩荡荡的恶心的气味，以及永无宁日的眩晕。死亡是体面的，自杀有着殉道般的尊严与圣洁，谁会一头栽到这河水中去？所谓流动的墓碑，所谓让流水把灵魂送抵大海，我现在看到的这条河流，已经担负不了如此神圣的使命了。

母亲在这条河边生活了七十年，她能回忆起一长串投河自尽的人的名字，当然也能说出这些注定要从舍身崖上往下跳的人，他们轻生重死的缘由。母亲说，现在，河的两岸仍然有很多走投无路的人，但他们都选择了喝农药、上吊、用刀抹脖子或吃安眠药。有些心思复杂的人，则在决心赴死之前，进城去打工，或从高楼大厦的脚手架上往下跳，或让电把自己触死，也有人故意骑着摩托去撞汽车，目的都是在死之前，给儿子挣一笔赔偿金……在母亲见识过的死亡中，最让她接受不了的是我的一个表弟。这个表弟的妻子不堪生活的累重，悄悄地离家出走了，把四个嗷嗷待哺的儿女扔给了他。表弟天生无能却又阴邪无比，他自忖自己养不活这个家，又没勇气自杀，提上一把菜刀便去杀人。他杀人是为了让法律将他杀死。他砍死了一个孕妇，自己也被判了死刑，被枪毙在一片荒坡上，由于其一刀两命，罪孽深重，他的父母也羞于去收尸。

死亡，特别是人们自己主动选择的死亡，正以不同的形式，赋予死亡难以逆转的残暴乃至卑劣的多向性。

死亡坠落了，多少死亡已经配不上人世间的安魂曲，多少死亡陷入了对死亡本身进行控诉和羞辱的循环圈。唯一的例外，十多年来，在这条河流的两岸，人们持守了决不死在河流之中的底线。

2

在猪厩里，他度过了自己的暮年
但他没死在猪厩里
他死在了比猪厩
更加肮脏的地方
死的时候，他看见了天国上空
冷冰冰的月亮，没有看见
他的五个儿子
月亮知道他有五个儿子
还知道这五个儿子
在五座城市的出租房里睡得正香
他不奢望儿子们
会在梦中惊醒

他只求这轮天国上空的月亮

在他死后，把闪着寒光的白布

盖在他的尸体上

现在，我们的身边每天都在发生着只有神话中才有的大悲或大喜，神性没有唤醒人性，悲剧总是拔地而起，喜剧也从不需要铺垫，生活的每个点上、面上和每一条线上，处处都是悬崖或无底洞。这个死在短诗中的老人，现实生活中，他是我童年和少年生活中的邻居，名叫吴龙生，一个远近闻名的木匠。在听到他的死讯时，我正坐在由宁波开往上海的高速列车上，手上捧着一本诺曼·马内阿的书——《在我离去之前结清我的账目——索尔·贝娄访谈录》，并且刚好读到两人关于卡夫卡《变形记》中有关大屠杀的对话那一页：

诺曼·马内阿："我们所有人都被自然判处了死刑，但在故事中，在集中营，你以一种非常人工的方式，残忍地早早死去。这种方式出现在了那个故事中，而它与法国人所谓的‘宇宙集中营’有着深切的关联。”

索尔·贝娄：“哦，乔治失去了自己人的属性，变成了一个物体，一个可以被扫进簸箕的物体……是的，我总在想这些问题。我们都在想，我猜，而没有得出任何答案……唯一的解决之道似乎是快乐地死去，或是在快乐的时刻死去，这样你就能够逃避这种人人都会毁灭的残酷性。我不明白，既然死亡普遍存在，我们为什么要如此煞费苦心地对待它。它会发生在所有生物身上，那些知道死亡和那些永远也不知道死亡的生物。有时我认为上帝给予动物的最大礼物是：不去想象死亡。它们不去想它，它们不跟它论理，除非是在凭借其本能逃离危险时。但是，当我看到我的猫在窗外舒展开身子晒太阳时，我嫉妒它。我对自己说：它不会被死亡之思萦绕。这是些只会给人类带来不幸的想法。”

吴龙生的死讯，是吴龙生的小儿子以手机短信发给我的，还告诉了我吴龙生葬礼的时间，希望我抽空回老家一趟云云。我当然没有回复他的短信，他在父亲没有“死亡之思”的死亡发生之后才现身，而且摇身一变，做了“孝子”，这是对人伦和死亡的公然挑衅。索尔·贝娄还说过一句话：“过去的人死在亲人怀里，现在的人死在高速公路上。”他没有过去，失去了获取过去的可能性，而他的父亲也以自己的死告诉了他，父亲没有死在亲人的怀里，而他及他的四个哥哥，已经死在高速公路上，死亡由肉体的消失普遍上升为灵魂的灭绝。所谓父亲的葬礼，也已经沦为宣布吴龙生死亡的仪式，一种恐怖的戏谑必然会在葬礼上，与五个儿子如释重负的心态汇合在一起，继而形成一出荒诞剧的中心思想。谁都能够想象，一个被遗弃的父亲，当他自行了断了生的历程，世界出现了短暂的鸦雀无声，可随后又多出来一场试图逃脱道义审判的隆重葬礼，这场葬礼肯定是可疑的，反常的。我们只能将这场葬礼当成那五个儿子在上帝面前仓促写出的一篇命题作文，也可以说是五个儿子在替自己收尸之前，仓促拍摄的一部送交上帝审查的微电影。哭声、经幡、纸钱、长明灯、遗像、挽联、花圈、度亡经、送葬队伍，以及不朽的墓碑，都失去了自己的属性，纯粹是人工意义上的速朽的一次性道具。

高速列车停泊在杭州站的时候，我违禁地走到站台上去抽烟，一个年轻的江南男人过来向我借火，随口问我："先生要去哪儿?"我说："上海。"他说他也是"上海"。他伸手来接我递给他的打火机的一瞬，我看见他的手背上有个文身，图案是一具骷髅。我顿时觉得向我借火的人在死神手下当差。本来要收回打火机，但我告诉他："送给你了!"他收下了没有说"谢谢"，显然没有把打火机当成纪念品。我回到车厢里，他还在站台上抽烟，当他返回车厢之前，我看见他把打火机丢到了垃圾箱里。他与我不是一节车厢。

3

吴龙生是投河自尽的。投河之前，他把身上的衣服全部脱了，放在他住的猪厩的土墙上，赤身裸体地来到河边。那时候是午夜，所有住在河流两岸的人都睡了，只有天上的那轮月亮，照着他的白发和同样苍白而骨锋奇崛的身体。他像一个灵魂和肉体双重的无政府主义者，有些费劲地拖着自己的影子，一点也不害臊，更没有羞耻感。按说，从村庄里经过时，他会有驻足和张望，每一户人家里，都有他做的灵牌、衣柜、供桌、床、饭桌、凳子、门窗和棺木，甚至很多房屋的屋梁、楼枕和柱子都是他一斧一斧地劈出来，又用刨子弄光滑，再用桐油和土漆刷得油光可鉴的。特别是棺木，外行人不知道，就那么六块厚木头，以为只要能将其按尺寸组装得严丝合缝就可以了，殊不知，它才是考量一个木匠德艺的试金石。这六块厚木，把尺寸弄对了并不难，难在每个局部都得有统一的贯通始终的庄严和大气的法度，难在如何才能将六块木头变成可以拆开又浑然一体的一个小世界，难在木匠们必须给死者提供一个好的尽头。它不能用铁钉，也不开槽，有限的几个楔头必须妙到毫巅，只要哪个细节多推了一刨子，或少了一平斧，凸凹于发丝之间，就免不了漏风，甚至压不紧，严重的则可能导致六块厚木仍然是个体，没有变成棺木。漆水问题，常常也是阻碍一个木匠成为好木匠的鬼门关，而棺木的漆水尤其如此。在工业油漆已经横行天下的年代，唯有棺木，人们仍然只选择土漆。从漆树的选择、采漆的时间、熬制、配伍到上漆，整个程序中，处处都要功力和经验。再好的木材做棺木，埋到土中都难免腐朽，但只要漆水好，上了一层漆，又上一层，直至漆水在棺木外形成厚达数毫米的保护层，遇水挡水，常年的湿气难以浸入，那么，即使木质稍差的棺木也可确保百年乃至千年不腐。漆水的好坏还体现在外观上，好的漆水，蒙尘百年，用毛巾和红布一擦，仍然可以做镜子。多少百年夫妻或少年怨偶，一方离世，另一方扶棺拭泪，用衣袖不断地擦拭棺木，目的也就是想从先亡者的棺木里看见自己，或把自己也移至棺木中，随之同行。不好的漆水，则是浑浊的，没有光泽，也做不了镜子，让棺木成不了阴阳两界通灵的载体。

在吴龙生还能挥斧拉锯的时候，这个村庄里的棺木几乎全部出自他的手上。从普通的一桌一凳，到灵位，再到建房起屋，直到棺木，吴龙生安顿了人们日常的栖居器物，也给了人们生命尽头一座座小宫殿。那些年，即使饥馑、灾荒、人祸不断，手上的技艺和背上的工具箱，都能保证吴龙生及其家人过上相对殷实的生活。他在替人做活计时，自然少不了大酒大肉，再不堪，也有豆花和米饭。不给人做活计的空闲日子，他背着手，吸着机制香烟，往村庄里一走，正在吃饭的叫他吃饭，正在喝茶的马上给他上茶。有人从衣服袋子里找出半包皱巴巴的烟，在给他递上之前，还得拉伸展了，这才小心翼翼地递上，见他含到嘴上了，还得毕恭毕敬地把火点燃。附近的村庄也常常有人来找他帮忙，他工具箱一背，就跟着人走了。十天半月后回来，也有人在背后跟着，或背着一只火腿，或挑着一担大米。也有人直接给钱，他装在贴身的牛皮烟盒里。回到村庄，碰到某人，把烟盒拿出来，表面上是给人发烟，实则是在炫耀。有些年头，我家顿顿吃土豆白菜，他家却吃白米饭红烧肉，他的儿子们吃饭时都喜欢端着碗，在村庄里乱窜，那一坨坨红烧肉，惹出了我的多少口水。让我最羡慕的是，春节时候，我们能得到的压岁钱，顶多也就两角，他的几个儿子年年都有十块钱，真的是巨款了。稍有不同的是，我的两角钱，一般都买了连环画，他的儿子们的十元钱，大多在乡村锱铢必较和小奸小猾的赌博游戏中输得精光。让我的父母也大为不解的是，吴龙生对此从来不恼，没听他对着儿子们咆哮过一次。同样，当几个儿子后来纷纷做了学校的人渣和逃兵，他也不动怒，似乎他心里早就想明白了，五个顽劣的儿子就是自己的五个圣徒。作为一方幽闭的水土之上的木匠教主，他不相信世界在他闭眼之前未经他的同意，就会出现一种让自己没有立锥之地的宗教。令人唏嘘的是，当一个时代果然在很快的时间内，撤走笑脸，而将下流的屁股对着他时，他还以为这只是一个天生淫邪的寡妇在跟他开玩笑。在教主似的幻觉中，他没有发现，乡村的木器已经被塑料、纤维板和不锈钢器物取代了，由于火葬政策的推行，做棺木的行为也已经是一种秘密的地下活动。直到五个儿子断然拒绝跟在他屁股后面学习屠龙术，并抛下他纷纷去了东莞、深圳、温州、上海和北京，宁愿死在外面也不愿守在他身边，他才发现，斧子、凿子、刨子、锯子和钻子全都生锈了，墨斗里早就没有墨汁了，工字尺、漆光闪闪的自制三角尺、钉锤，找了半天都没找到。儿子们离开了，也没人再来找他做木活，两者之间仿佛没有直接的联系，实际上它们是由同一个魔鬼所操纵的，只是他没有看见这个魔鬼，更不可能知道这个商品经济的狂魔才是真正的教主。

妻子活着时，吴龙生还有个依靠。妻子去世时，所用棺木是他的收山之作，但那棺木上，木漆的镜子没能带走他。而且，靠老邻居们的施舍，他比所有的老邻居生命更绵长。村庄曾发生过一次地震，死了不少人，他的房屋也倒塌了，搜救人员却听见了他从地下传出的呼救声。扒开废墟上的屋顶，他竟然从废墟底下自己走了出来，没受到半点伤害。政府发放了重建家园扶助金，他没有再建房，而是搬进矮小的猪厩，猪一样，活得静悄悄的。偶尔，他才拿出一点扶助金，颤颤巍巍地出去，买食品，也买上一条劣质香烟。村子里的老人死光了，年青一辈大多数外出了，孩子们他都不认识，每走一次他都上气不接下气，像走在想象过多次的黄泉路上。

不过，死亡的问题，之前他也没考虑过投河自尽。照他的愿望，五个儿子，至少有一个会回来，他想得有人接住他的最后一口气。两年前的春节，他去找了村子里外出打工回来过节的所有人，分别给儿子们带口信，希望他们能回来，把自己埋了。一个在东莞打工的人，还拨通了他二儿子的电话，他以为至少会有一句问候，想不到二儿子开口就问："你这老不死的，还没有死?"他卡住了，没吭声，把手机还给那人，出了门，走在布满积雪的回家路上，忍不住老泪纵横。他等了两年多时间，没有人回信，也没有人回来。终于他不想等了，也不想给死亡一份体面和尊严，只想让不堪的死亡悄悄地把自己带走。

4

月亮看着吴龙生，射出的光，却又无力拉住一个断了生念的老人。他知道纵身一跃，身体会浮在水面上，于是慢慢地走下河堤，一层一层地把水的皮沉重地撕开，待水面上出现了一个足够他身体穿过的窟窿，他使出最后一丝力量，一头就钻了进去。水面上没有出现所谓的涟漪和漩涡，河岸上也没有留下任何衣物之类的东西，作为死亡现场的证据。只有月光的安魂曲感动了月亮之神，将他的遗体打捞起来，托举在空中，洗干净了，超度了他的灵魂，这才把他放在河堤上，为他盖上了一层遮羞布。但在现实生活中，他没有接受月亮之神的恩赐，而是又挣扎着滚下了河堤，准备再次钻进那个水面的窟窿，河边的一棵白杨树拦住了他。

他终于没有再动一下，他的力量已经一点不剩地耗尽了。

在清明的雨里听笛

江　子

1

我想说，清明这一节气的眉宇之间是一种静。《淮南子·天文训》云："春分后十五日，斗指乙，则清明风至。"万物生长的春分之后，清风入堂，吹落昨年风尘，看那屋檐之下，窗明几净，厅堂之上，青花的瓷器如洗；清风过野，花开如盏，那粉红桃花，雪白梨花，村庄前面闪耀在丘陵之上的映山红，仿佛都从睡梦中被小声唤醒，在一阵长一阵短的雨水里湿漉漉地开着，一朵朵皆是乡下初谙世事的最美的女儿，打扮着千年不老的乡村。《岁时百问》里说：“万物生长此时，皆清洁而明净。故谓之清明。”我妄自揣度这古文里的深意，大概是在二十四节气中，清明有一种过滤往昔，天地沐浴更衣的意思吧。

清风过后，天地间忽然就静了。“桃花难画，因要画得它静。”谁说的？在清明里，是花，大概都是静的吧。这时候，阳光尚未汹涌，春雨沥沥拉拉，如盏的花苞里，收藏的除了一些爬虫细小的足迹，大约总是些忽远忽近的风声和雨声。

在这样的季节里，最适合的事情，大概是站在乡间老宅的窗前（窗子是木格雕花的，镶的应该是那种晚清才开始流行的脆薄透明冰块一般的玻璃），手卷一本线装书，慢慢诵读。书的内容不宜张狂粗莽，《水浒》不宜，《桃花扇》不宜，倒是杜甫、李渔、《西厢记》之类合适。清风如扫，在鬓角脑后轻轻旋转，正与手上婉约诗书里的节奏和情感契合。多么洁净呀，在此清明时节，待我沐浴更衣，焚香净手，抛开一切邪念，让生命回到最原初的状态，把握宇宙间的韵脚，倾听大自然最为细小的昆虫的振翅之声，或者书本之上，那些至今让人荡气回肠的往昔情意。几场雨水过后，那古旧的线装书已有了些许潮气，仿若书中人若有若无的叹息。经过这仪式般的静默的清明时节，读书人的内心里，大概该要充满了对生命和时光的怜惜吧。

清明过后就是谷雨。经过了短暂的必需的清明的静寂之后，春天，就开始汹涌了起来。

2

我想说，清明这一节气的骨子里是一种凉。自古以来，清明是一个向逝者表达哀思的传统节日。春天按照上天的意旨扮靓大地，我们按照古代文明的秩序休整坟冢。青草摇曳，意为大地葱茏，生机蓬勃，而我们把它移栽到祖先的坟头，让它守护逝者的英灵。鲜花绽放，而纸钱也同时飞舞；那些平时或人五人六或卑微的人们，此刻变成了故乡的孝子贤孙，浩浩荡荡地行走在泥泞的道路上。

是的，我们从生活的阳面忽然来到了阴面，从大千世界回到了初始，清明让我们回到血缘里的往昔，借助黄酒、纸钱、牺牲和爆竹与逝者攀谈（其实就是一个民族与大地攀谈），从这个角度上来说，清明的凉，于我们正好有一种镇静、思索的意味。

多么不可思议呀，生与死如此奇妙地联系在一起，希望、生长和追思缅怀似乎从来就如影随形。长眠于地下的祖先和大地上生活的人们从来就没有真正骨血分离。这是中国欲知生先知死的哲学，是古典中国文化心态上精妙的平衡术。那落在墓地上的雨水，也打在我们脸上，我们忽然有了一阵凉意。然后，看满目青山，故乡风土，似皆有菩萨林立，祖宗面目高古，双手合十护佑，唤醒我们的善意。

在清明，我扫墓归来，重新卷起线装书，打开昨天读到的部分。我看到我的手，血管幽蓝，掌心潮湿。高人参我掌纹，道是有桃花运，却身体多疾。我心凉如水，随手取来一颗清明粿，放在嘴里品着。

3

清明粿是绿色的，清明当然也是绿色的。看满天满地，河流山川，屋前巷后，都是让人欣喜的绿色。湖边的垂柳，枝条原本够不着水面，可现在，时时在湖面荡漾着，那是水位高了，柳枝也长了，叶子浓密，一条条受风鼓舞，吹来荡去，仿佛在水面荡着秋千，也仿佛清明是扎着辫子的小姑娘。村口老寿星一样的樟树，本来就不落叶，可是因为春天，又长出许多新叶，到清明时，就分出深浅来，深的、老于世故的是去年的叶子，浅的、嫩黄的是新长出的叶子。到山里去，远远看着高高低低的树，绿就分出很多层次，嫩绿、新绿、深绿、青绿、葱绿、翠绿、苹果绿、祖母绿……一团团，一丛丛，凌乱，动态，丰富，华美。清明的绿，是特别活性的！

清明粿是甜的，因为加了糖。那么，清明是甜的吗？当然不是。甜是添加的，是粉饰，是夸耀，是美化，清明粿本身的味道其实是苦的，淡淡的苦，在舌苔上慢慢起身跳舞的微苦，再多的甜也遮不住的苦。那微苦，才应该是清明本身的味道呢。——清明粿是艾草做的。清明，艾草长了出来。它的性味苦、辛、温，入脾、肝、肾。李时珍《本草纲目》记载：艾以叶入药，性温、味苦、无毒、纯阳之性、通十二经、具回阳、理气血、逐湿寒、止血安胎等功效，亦常用于针灸。

何止是艾叶，清明里的许多东西，都是苦的，比如喜欢和蛋一起炒的香椿，就味苦。中医上说：香椿，入肺、胃、大肠经，清热解毒，健胃理气，润肤明目，杀虫。主治疮疡，脱发、目赤、肺热咳嗽等病症。椿芽营养丰富，并具有食疗作用，主治外感风寒、风湿痹痛、胃痛、痢疾等。比如荠菜，就味苦。《千金食治》中说：荠菜杀诸毒。其根，主目涩痛。比如马兰头，中医认为，马兰头性味辛凉、微寒，有清热解毒、凉血止血、利湿消肿之功效，主治咽喉肿痛、痛疖疔疮、黄疸、水肿、痢疾、淋浊等症。比如茼蒿，据中国古药书载：茼蒿味甘、辛，无毒，有“安心气，养脾胃，消痰饮，利肠胃”之功效。比如蕨菜，蕨菜中含丰富的胡萝卜素、钙和多糖，能调理肠胃，缓解便秘，同时对感冒等病症有辅助疗效。蕨菜多苦，要去掉蕨菜的苦味，需要用米汤或淘米水泡发……

清明，万物皆苦：天上落下的雨水是苦的，地上泛滥的湿气是苦的，祭扫亡灵、缅怀先人的心是苦的，田埂上吃草的牛的舌苔是苦的。

清明的苦，不仅因为扫墓，因为要亲近死亡，思考生命，还因为清明时节也是寒食节。据史籍记载：春秋时期，晋国公子重耳为躲避祸乱流亡他国长达十九年，大臣介子推始终追随左右、不离不弃，甚至“割股啖君”。重耳励精图治，成为史上名君晋文公。但重耳登基后，介子推与母亲归隐绵山，重耳为迫其出山相见而下令放火烧山，介子推坚决不出山，最终火焚而死。晋文公感念忠臣之志，将其葬于绵山，修祠立庙，并下令在介子推死难之日禁火寒食，以寄哀思，是为“寒食节”。

品寒食，思介子。介子推陪重耳流亡他国十九年，是百苦尽尝；重耳登基，是苦尽甘来。介子推何以不与重耳共享荣华？他归隐山中，侍候母亲，日子自然是清苦的。他不出山，自然是以这样的生活为乐。是不是因为他认为苦才是人生常态？

4

清明适合怀人，除了怀逝者，也怀生者。几个月前的春节，是团聚，是合欢。春节一过，人们纷纷飞离了故土。家就分成了两半，一半依然在原地留守，另一半，就在天南地北飘荡。春节前后是立春，然后是雨水、惊蛰、春分。开始的时候，被窝里还是暖和的呢，离开的人每天在手机里，电话，视频，仿佛从来没有离开过。然而天慢慢暖和了起来，大地着上了绿装，田野里的桃花开了，像是谁喊了一声，屋后的李花也开了，映照着斑驳的老墙，整个村子像是穿了条特别妖娆的碎花裙子。村前村后水的流速明显加快了。这种种变化，就让人心慌起来，就想到离开的人毕竟离开了，即使在手机里，可被窝里是空的，手是够不着的。他在外面好不好？天气冷热变换，有没有顺势增减了衣服？外面的花花草草，他可有招惹之心？下次回来，会在什么时候呢？想着想着，眉宇间就结了隐隐的愁。

而出外的那个人，看过了一场一场异乡的雨水，别人城市里渐渐生长的春色，也会让他陡然生起离愁。他怎么会忘了家乡每到春天就忙着开起来的花儿，忘得了田野里在这个季节的香气？燕子回了屋檐下的巢，叽叽的叫声里，说不定有对他的问候呢。春节与村子团聚的热度到此时已经散了不少，望着外面又挂起的雨帘，那种飘零之感、相思之愁，一定会涌上心头的吧？这种时候，酒就会多喝一些，夜里的梦话也会多一些。

如此，那可不可以说，清明是容易让人发愁的节气？无边无际的雨，无边无际的春天，无边无际的清明，最适合盛装无边无际的说不明赶不走的愁怨。

5

可清明终究是明亮的。首先是天会醒得越来越早，钟点还是那个钟点，过去是黑漆漆的一片，窗外的树，连影子都没有。可现在窗帘没关的缝隙里，光已经在外探头探脑了。风吹着，树枝摇晃，光就在外面一晃一晃的。打开窗帘，光蹑手蹑脚地，一下子就满了房间。

前面说过，外面的流水流速快了。可这里还要说的是，流水也增加了亮度呢。过去的日子，水面是瘦弱的、浊重的、喑哑的，河流、湖泊、水田，都黑湫湫的。入了春，一场一场的春雨，让水面开始饱和了一些，但还是硬硬的。到了惊蛰，几声雷动，水开始软了起来。雨停了，空气开始有了温度，风分明暖和了起来，再看水，就有了亮度，有了澄明之感，倒映着天空。天还算不上湛蓝、晴朗，可是已经有开阔的意思了，给水面增加了无数的光亮，好像是大地铺满了灯盏。

让人觉得明亮的还有鸟在窗外的树上叫着，一声声让人心里亮堂了起来。燕子穿着一身燕尾服在空中穿梭，突然就叽的一声，声音里有火焰的热度，整个天地间像是点了火一样。夜晚偶尔露出来的月亮，过去是毛茸茸的，现在就跟银器一样光亮。油菜花还在开着，地上跟黄金一样闪闪发亮。深山里突然传来斑鸠声，婉转得很，所有的草木都听得心开了花。邻家孩子的脸，原本黑黑的，突然间就红彤彤的，好像腮帮里含了一颗小太阳，或者是一件釉里红瓷器。女人们在冬天里都靠化妆品撑着脸面，可到了清明，人人都是开了光一样，满面春风，光泽鲜亮。

6

清明的静，清明的凉，清明的微苦，清明的愁，清明的亮，清明的繁花疏影中隐含的禅机，晚唐的杜牧最是懂得。“清明时节雨纷纷，路上行人欲断魂。借问酒家何处有？牧童遥指杏花村。”这首诗里，有哀思如潮，有羁旅劳顿，有烟雨杏花，有酒旗隐约招展。清明的静，清明的凉，清明的苦与愁，清明的无限意味，全在这首诗里。

如果选择一种乐器来表达中国的清明，我不要唢呐的铜，也不要大鼓的皮。二胡和箫，过于悲凉和绝望，只适合在深秋的暮色里哭泣。我只想挑一管竹笛。竹子性静，竹笛也凉，但笛声里有烟雨杏花，有山涧鸟鸣。笛声里，有顺应天命与自然的心意，是渐渐温热和蓬勃的乡土中国。

且在清明的雨声里，听一声笛吧。如果没有笛，就向杜牧的诗里那路边牛背上的牧童借取。

在清明，我把书渐渐合上，听一声一声的小雨滴答，听远远的笛声悠扬，穿越了生死与古今。耳边的笛声和雨声，适合洗我的心、我的肺。乘着这雨声和笛声，我要回到我的江南，养我的怀乡病……

清明有所忆

杨庆祥

我小时候对节日是否重要的判断，依据的既不是假期的长短，也不是食物和礼物的丰简，我的标准是，已经出嫁的姑姑们是否要回家，会在家里住几天。首先是春节，她们都会回来，而且往往拖家带口，嫁在附近的大姑姑吃完午餐会告别，距离稍远的二姑姑会住上一个晚上，最远的小姑姑甚至会住上好几天。那就是最隆重的节日了，我会跟在她们身后，听她们说家长里短，心安理得地接受她们的关心和宠溺。其次是中秋节，她们也会回来，不过除了路远的小姑姑，其他姑姑都不会住下来。我总是记得一个场景：故乡大大的庭院，日暮黄昏，小姑姑拎着包轻快地走进院门，像是她从来没有远嫁他乡，她浅笑盈盈地看着我，用方言跟我打招呼，那句话转译成普通话大概是“宝宝，你看我给你带了什么”。那时候往往有桂花的清香，有洗澡花含苞待放，有奶奶窸窸窣窣洗碗的声响，有爷爷旱烟的味道……那是我童年又温暖又忧伤的时刻，相聚的欢喜和分离的焦虑并存，直到今日，我也没有完全将其治愈。春节，中秋，然后就是端午。与这些节日相比，清明节就显得无比寡淡，姑姑们在这个节日里甚至都不会回家——它好像是一个独属于男性的节日。春节的流程是清晰固定的，除夕吃年夜饭，大年初一拜年，正月十五闹元宵；中秋节也是，八月十五，吃月饼，看月亮，家人团聚；清明节却没有这些象征性的事物，甚至日期都不是很固定，早几天晚几天都没关系。在我的记忆中，清明节一直是很模糊的存在。

是从什么时候清明节开始慢慢变得清晰具体一些了？也许是父亲的电话，工作后父亲基本上不联系我，他可能觉得对儿子最大的支持就是不轻易打扰，但是每年的清明节前后，父亲都要给我打一个电话。一般的程序是先讲家乡天气不好，下雨；然后讲合族祭祖，自己不得不出席，见到了族里的很多长辈小辈；最后会说，族里的长辈知道你在北京很忙，但还是希望你有机会回家一起祭祖。我照例会问见到了哪几个长辈，他们身体都好吧？来年有时间我争取回去。但实际上打完电话后也就忘记了这件事，也从来没有安排出时间回去参加合族祭祖的活动。只是父亲的电话让我觉得有些奇怪，他自我意志强烈，又是家族四房的长子，从来以桀骜不驯的姿态示人。他曾经是家族的“叛逆者”，有时候会让我想到巴金《家》里面的觉新。小时候见到过他两次与家族的激烈冲突：一次是家族募资要重修族谱，父亲拒不出资，理由是觉得召集人并无能力修好族谱，无非借此敛财，后来的事实部分证明了父亲的先见之明；还有一次是族里的老人们合议要重建家族祠堂，并选好了地址，父亲作为晚辈本无发言权，但他联合家族里的一批年轻人大闹“议事厅”，最终建祠堂的事情不了了之。虽然我至今不知道父亲反对建祠堂的理由是什么，但私心里还是为他的勇敢感到骄傲。在我儿时的记忆里，父亲也从不参加清明祭祖之类的活动，有时候晚上祖父会给我讲一些家族前辈的故事，父亲如果在旁边路过，一定会打断一下：“别老给孩子讲那些乱七八糟的东西。”因为这些，父亲这些年的电话让我觉得饶有意味，他在60岁的时候离开家乡，到省城安享退休生活，这个时候他开始怀念他曾经厌恶的事物了吗？我不想说父亲最终也活成了他不喜欢的样子，这样的判断对父亲来说有些夸大其词。他也许只是顺着自己的心意生活，年轻的时候要做一番事业，所以要特立独行，年龄大了要追溯既往，族谱的血脉从沉睡中苏醒。

父亲打电话的时候，母亲往往也会在旁边嘀咕几句，听不太清，大概是在外面多保重的意思。这个时候我就似乎嗅到了清明节的气息，从电波的脉冲里变成一幅生动的画面。这幅画面里首先要有雨，“清明时节雨纷纷，路上行人欲断魂”，行人是否断魂我不知道，但细雨蒙蒙一定是清明节的标配，据说杜牧这首诗里面的杏花村就在安徽的池州，那里正好与我的故乡安庆毗邻。我更喜欢的是张志和的“青箬笠，绿蓑衣，斜风细雨不须归”，清明清明，正是这斜风细雨洗净了天地的污垢，让山河大地变得秀色怡人，人的眼睛，也因为这澄明的景色而清明起来。当然，这只是诗歌的意境，从晚唐以来就没有什么变化，具体当下的生活却有各自的艰难。对孩童时期的我来说，清明的艰难就是衣服总是潮的，穿在身上不舒服；道路泥泞，上学需要格外小心；当然，因为连日的阴雨，户外玩耍的快乐也要一再延迟。对于父亲母亲来说，他们操心的或许更多，一个大家族的生计，每一天都要精打细算。除了雨，清明的另外一个景观就是开始吐绿的各种植物。故乡坐落在一座大湖边，一到三月，湖边灰秃秃的河滩就一块一块地变绿，最后连成一片，一个人只有目睹过这种绿色的变迁，才能明白“野火烧不尽，春风吹又生”的生命之力。低头是青草，抬头是杨柳。杨柳是清明节的徽标——就像艾草之于端午，桂花之于中秋，菊花之于重阳——将细细的柳枝编成环状，戴在头上，是我童年的游戏之一，至于有什么寓意，却不得而知了。对我个人来说，无论是雨水、青草，还是杨柳和杏花——“杏花疏影里，吹笛到天明”——这也是清明时节最迷人的意境之一吧。这些似乎都过于高雅了，我的清明记忆中最重要的植物，是蒿草——一种平淡无奇、长于田埂地垄的平凡野菜，跟很多杂草长在一起，采摘，洗净，剁碎，加入糯米，猪油，做出来的食物，就是我们故乡一带著名的“蒿子粑”。蒸熟后可直接食用，入口软糯，有一股蒿草特有的清香味。母亲惯常的做法是将蒸熟的蒿子粑用小火煎到两面微黄，这样外焦里嫩，更是别有一番风味。清明节的蒿子粑与端午节的粽子有某种共同的理念，都是取之于乡土，根植于地方的食物。不同的是粽子、月饼都慢慢雅化了，包装精美，用于走亲访友，请客送礼；唯有蒿子粑还低眉顺眼地匍匐在我故乡那一带，告慰着清明节的生灵和亡魂。离开故乡多年，我一度以为这种食物已经消失了，有一次春天回合肥，惊讶地发现厨房里有蒿子粑的清香，原来乡下的亲友采摘了蒿草送过来，母亲也就熟门熟路地做了几块。但吃一口，感觉味道已经没有那么正宗了，也许是蒿草在路上散发了它的灵气，也许是合肥买的糯米不是故乡的原产，总之，是我们离故乡有点远了。

有点远的故乡和有点远的清明节是两面一体的，无论父亲怎么打电话，母亲怎么唠叨，我大概率都不会出席家族的清明祭祖仪式。对我来说，一个人的祭奠胜过一群人的祭奠。家族的那种方式大概会展示一个族群的力量和团结，但这些对我来说并不重要。如果说我对清明节有越来越亲近的感觉，不是因为族谱里的基因被激活，更不是被所谓传统文化的复兴蛊媚，而是我看到身边活着的亲人一个个离世，在清明节的时候我会真切地想念他们。“亲戚或余悲，他人亦已歌”是生活的常态，但清明节的存在也提醒了我，在俗世我们的亲人会越来越少，在彼岸我们的亲人会越来越多。这么想固然不能全部治愈我的死亡焦虑和分离焦虑，但总会让人好过一些，有时候在夜半也会心生怜悯：要爱每一个人，因为俗世的亲人是如此宝贵。我甚至发明了一个独属于我自己的清明节祭奠仪式，仪式非常简单，我在《清明节我在北京》这首诗里写得很具体：

早上起来我把指南针打开
正对着南方跪下
给太奶奶、爷爷、外公、外婆
三姑姑、小表姐、严老师
都叩了头

窗外的桃花正盛

一整天我喝了一碗粥

下一个清明节，除了跪拜、喝粥，我还想去折柳编环，像花冠一样戴在头上。也许我可以向家乡的姑姑讨要一两个蒿子粑，不吃，就闻闻蒿草的香气。当然，也要给父亲母亲打一个电话，听一遍他们对家族祭奠的描述，然后许诺一定找一个时间回去参加一次。

闲话清明节

荣　荣

1

说到清明节，我脑子里首先跳出来的是一幅长画的名字——《清明上河图》，那画太有名了，上面又有“清明”两字，由清明想到《清明上河图》纯粹是我的一种下意识。关于这幅画，有一种有趣的争论，就是它描绘的究竟是哪个季节？有的说春天，有的说秋天，也有说是夏末秋初的，说的人自然各有各的理，他们的论据是从画中的植物、人物的穿着、手里拿的物什如扇子什么的，还有店家卖的吃的用的喝的等等着手的，却无法统一，因为这些论据指向的季节并不一致。也有人因此认为，那是画家画这幅画时，用了很长时间。有多长？至少是从春天画到秋天吧，所以画里有春天、夏天、秋天诸多元素出现。

但《清明上河图》里的清明绝对不是指向清明这个时节，否定的关键点就在于画中几百个人物，没有一个拿着上坟的祭品，也没有祭祀上坟的场景描绘。事实是，《清明上河图》画名中的“清明”，应该有“政治清明，皇恩浩荡，天下太平”之意，更因为该画取自清明坊到虹桥这一段汴河（别称叫上河）的景色。

《清明上河图》与清明节八竿子打不着，但我还是拿来按在了我这篇小文的开头，是因为我想由此引出清明节作为传统重大春祭节日的重要内核：扫墓祭祖，追忆逝者。

1984 年我大学毕业，那年 8 月，我祖母去世了。她被安葬于老家余姚，与 40 多年前就过世的祖父合葬。

祖母在世的时候，每逢清明节，她总会在家里做点羹饭祭奠祖父，那时候回一趟乡里不方便，扫墓的事全都拜托仍在老家的姑姑一家。祖母去世后，清明扫墓便成为我们举一家之力的大事情。之所以如此，更多的原因是祖母一直与我们生活在一起，我们与祖母感情深厚。那时父母工作忙，一堆孩子全由祖母在家照料，一想起她，她因长年胃病而瘦小得不像话的样子就浮现在我眼前。我脑海里还会闪过当时的许多生活场景，比如每次我放学回家，总会看见她守着一个煤球炉子，怕饭烧煳而不断小心地转动着大号钢精锅，那里面满满的一锅早稻米饭，是我们一大家子的晚饭；在四十瓦的灯下，她在洗脚，费力地拆着裹着小脚的布条，我问她为什么要裹布，还裹得那么紧，她说脚废了，不裹紧走路会痛；她独自蜷缩在大板床上，用青筋暴绽的拳头揉搓着胃部，嘴里说："要死精（指抛下她早逝的祖父）怎么还不来带我走？"

直到两年前我父母相继离世，我们家近四十年的清明只祭祖父母的惯例才被打破。以前去乡下祭奠，兄妹们聚在一起时，经常会讲起与祖母有关的一些事情。说她虽然裹了小脚却走路如风，说她急急的性子，说她的重男轻女。说到她重男轻女，我大姐二姐总会有更多的话说。祖母守寡后虽生活窘迫，却仍坚持让我父亲读书，而将姑姑送到当地一户人家做童养媳。祖母与我们在一起时，总说女孩子不用读什么书，我两个姐姐因此被耽误了。我们还会很怀念她骂我们时的样子，还有使用的语言，比如那时候我两个哥哥淘气，饭碗一放人就没影了，她就骂：“小棺材，枪毙鬼，饭吃了后枪也打不着了。”没文化的祖母说话还真的很生动，至今我们还记得她与一位女邻里开玩笑，说她笑起来像泡饭滚（沸腾）嘎。说某个人眼睛小得像海蜒。我还会对哥哥姐姐们说起我小时候的一个困惑，那时候祖母对着我们这些气着了她的孩子，老是会说：“我被你们气得，饭也吃不下了。”那时候的我正值年少长身体，胃口特别好，不到饭点就想吃饭。我就觉得她这话说得不对：“人怎么会吃不下饭呢？”

缅怀英烈也是清明节的一个重要内容。一次与朋友们聚会，酒酣时，我偶然说起读小学时的一件窘事，那是20世纪70年代的事了，学校组织我们去近郊的烈士陵园扫墓，因为路远，又没有车，我们需要走很远的路，老师要求我们自带午饭的干粮。那时候我家里孩子多，条件不是很好，最主要的是大人不舍得花钱替我去门口的供销社买糕点茶饼什么的，祖母就为我用粗陶罐蒸了大半罐糯米饭，再在上面撒点黄糖。在那个物资短缺的年代，糯米糖饭在我眼里绝对是很难得的吃食。那天在路上，我们排着长长的队伍，走了好久好久，我想着包里的好东西，实在忍不住时，就偷偷地挖一小口吃。快到陵园时，我不小心摔了一跤，我那所剩不多的午饭就这样被打碎了。给烈士墓献上我们自制的纸花圈后，老师带我们找了个草地野餐，看到我没有午饭吃，她就对同学们说："同学们，我们要向雷锋叔叔学习。现在我们有同学没有午饭了，大家帮帮她哟。"她用手向我指了指。老师的话在学生心里无异于"圣旨"，很快，我的面前堆了许多压缩饼干等各种糕点。我现在还记得当时的复杂心情，当然首先是羞愧，想想，让大家将吃食匀给我，这样的帮助，在幼小却自尊心很强的我心里，绝对是一件尴尬的事。

2

“清明时节雨纷纷，路上行人欲断魂。借问酒家何处有？牧童遥指杏花村。”这首传诵最广的清明诗，如果我牵强地套到我这篇小文里，那么前两句暂且定义为追怀伤逝，后两句可视为乡野踏青游玩吧。事实上清明节大家也都是这样过的，古往今来都如此。清明时节，春回大地，自然界处处生机勃勃，扫墓之余在山乡野间游乐一番，是亲近自然、品味春天、激发生命活力的好方式。能让人既缅怀逝者，又感受生之乐趣。所以，在所有的节日里，清明节是为数不多的兼具自然与人文内涵的重要节日。

近些年有一个话题：在清明节，人们能互祝快乐吗？说不能的占了绝大多数，因为在人们眼里，祭祖、扫墓都是非常庄重肃穆的事情，而且这些都与逝者有关，所以，互祝快乐肯定是不对的。

但也有不少反对的声音。他们认为，清明节除了扫墓祭祖，还有踏青、各式各样的聚会等主旨在，而后者的目的恰恰是“快乐”，是一种积极的、乐观的、向上的心态。

说可以互祝快乐的，一定是在现实中更豁达、更看开生死的人吧。但不管是赞成还是不赞成，清明节的问候还是免了吧，免得冲撞了别人的忌讳。

每年我们去给祖母扫墓，事先兄弟姐妹们都会商量余兴节目。因为扫墓要扣着点香上供的时辰，要起大早，扫墓完了后，还要与当地的亲戚见见面，大多时候还会一起吃个饭，这些必选项目完成后，我们扫墓团的目光常常会瞄准老家起伏连绵的四明山脉。中老年一辈对挖笋、采野葱更感兴趣，于是荷锄的荷锄，拿剪子的拿剪子，更多的小辈则轻装上阵攀比爬山。然后找个宽阔的溪滩处，捡些石块搭一个简陋的灶台，拿出姑姑给的玉米、板栗、番薯、洋芋等烤起来。香溢处，欢乐满满。

近些年清明节也有假了，三天的小长假，给了大家更多踏青的时间。约三五知己去野外，找一家云深不知处的民宿，听竹喧松涛，走林间栈道，看日升月落，当是人间美事。

有一次我先生的战友来访，正逢清明小长假，他们相约去当年服役的偏僻海岛上寻访青春热血记忆，我也跟着去了。到了岛上，去部队老营房翻一座山就能到了，但坐车的话得绕一大圈，于是我们决定“翻山越岭”，结果是，已多少年没被人征服的小山头上，半人来高的荒草与矮树丛生，越深入越看不见可以插脚的地方，进退两难的几个人，只能披荆斩棘。中途我一不小心脚踩空了，正要向一条沟里滑去，我先生眼疾手快，一把拉住了我，但我的手还是被石砾树杈划破了。因为我的凝血功能不好，划破的口子又有很多道，有的划得还挺深，淌出的血把他们吓坏了。后来自然是惊险了一场，也算是乐极生悲吧。此次“踏青”也因此给我留下了深刻印象。

除了踏青外，传统的清明节还有一些有意义的节日内容，比如植树。一百多年前，植树节是与清明节同日的。在清明节植树是有道理的，那时春雨频繁，春阳高照，植树的成活率高。而清明节同时作为植树节，是1915年，在孙中山先生的倡议下，正式由当时的政府定下来的。只是后来为了纪念孙中山先生逝世三周年，植树节就改成了3月12日并一直沿用至今。植树节改为3月12日自然也是有道理的，那时日正好是惊蛰之后、春分之前，对于全国广大地区，选这个日子植树，应该是非常适宜的。

我在学生时期及工作后多次参加植树节的活动，每次活动，我都会积极报名，前人栽树，后人乘凉，我也想做那个积了福报的“前人”。粗略地统计一下，我栽过的树没有五十也有四十棵了吧。只是不知道那些树有没有成活。有一次听人说，她参加几次植树活动，都在同一个地方，有一次还是在同一个树坑里栽的，她觉得植了半天做了无用功，为树没有活而难过。我也因此特别想要知道我的那些“树苗苗”如何了。好在我植树的地方都是不同的，不管成活率如何，至少没有在同一个坑里栽过两次。

3

现在要说到清明吃食了。清明节的吃食在各地都有所不同，作为宁波人，我想说说宁波清明的吃食。首先是祭祀的菜肴。除了祭祀用品，宁波清明节与其他时候的羹饭差不多，比如供桌上除放置烛台香炉、倒上酒的酒杯、筷子，烧锡箔外，清明的羹饭菜数都为吉利的双数，如 8 个、10 个、12 个，主打菜品为一些不可或缺的家常菜加上清明节时令新鲜菜品，但无论是家常菜还是时令菜，都是有吉祥寓意的。比如家常菜红烧肉，象征着富贵；烤油豆腐，代表着富足；红烧黄鱼或鲫鱼，寓意年年有余；黄豆芽（黄豆芽这味素菜可千万不能替换成绿豆芽，绿这个颜色还是有点让人忌讳的），代表如意；还有烤麸，象征田地富余。而时令菜有：黄泥拱毛笋（一种特别嫩的春笋），寓意为节节高升；白斩鹅，在清明时节是味道最嫩最香的，所以这道菜也被用来清明上供。清明节上供的点心也会将其他时候做羹饭时用的水晶油包、大米馒头等换成清明节气里特有的青团与麻糍等。

青团是江南的传统特色小吃，是用糯米与艾草、鼠曲草、苜蓿、浆麦草、泥胡菜、刺儿菜等其中任一种植物制作而成，在宁波用得更多的是艾草。这些植物在清明节前后采摘最佳，也让青团因此成为清明节的时令吃食。青团的外皮是绿的，里面可以包上各种馅料，因为整个是圆球状的，所以被称为青团，又被叫作清明粿。这种青青的食物，象征着人间的勃勃生机，祭祀时是美好的告慰与祈愿，作为时令小吃，更能让人的身心吃出个满满的正能量。

还有一种广受欢迎的清明节传统点心就是麻糍了，这也是我更爱吃的。可以蒸热了吃，也可以稍稍用油过一下，吃起来那真叫个又甜又香又糯。跟青团一样，宁波人清明吃麻糍的风俗有着深厚的文化背景和象征意义。有人曾写过相关的文章（以下引号里的内容都出自该文），说麻糍“在宁波老话中谐音‘呒事’，寓意平安无事。因此，麻糍在宁波人心目中不仅是一种食物，更是一种祈求平安的象征”。他还详细讲述了麻糍的制作工艺，比我这个吃货讲得专业多了，他说：

“宁波传统的麻糍制作需要经过多个步骤：首先，将艾草（宁波人称为艾青）清洗干净后煮熟，再将糯米研磨成粉并蒸熟；接着，将熟的糯米和艾草一起放入石臼中捣烂，形成麻糍团；最后，将麻糍团擀平、切割成小块，撒上松花粉即可食用。这种手工制作的麻糍不仅口感软糯香甜，还带有艾草的独特香气，象征着春天的到来和自然的轮回。”

宁波还有一种清明节食品是黑饭糕，也是甜品。其制作方式与麻糍类似，只是后者用的是艾草，前者选的是黑饭叶。黑饭叶又叫乌饭草、染菽、猴菽、黄精草，是长在山坡上的一种极像冬青的灌木。“制作前要去坡上采摘黑饭叶，捣碎后榨出汁水，倒入糯米，浸泡一个晚上后，汁水完全渗入米粒。第二天倒入电饭煲，煮熟后拌入白糖，盛入方盒压实，冷却后切成小块。黑饭糕油光乌亮，自带清香。”在我的感觉里，黑饭糕虽然也是一种甜食，但相对更爽口些。

当然，宁波清明节吃食除了小吃，还有下饭菜。前面已提到了黄泥拱毛笋、白斩鹅，还不能漏了宁波清明时节的海鲜与河鲜，那就是蛏子、马鲛鱼与螺蛳。这三样东西平时也有，却数清明时最美味。蛏子在清明时最肥美，马鲛鱼在清明时不叫马鲛鱼，叫川乌，那时它们集体洄游到宁波象山港一带产卵，“在咸水与淡水的交界处，肉质会发生神奇的变化——肉质呈淡红色，口感极为鲜美”。螺蛳在宁波老话里有“清明螺，赛过鹅”的说法，清水煮或爆炒都美妙至极。有读者看到这里，有没有冒出在“清明时节雨纷纷”的时候，来宁波品尝一下舌尖上的美味的念头？

此时天涯

郁　葱

清明季节，春寒雨霁，这个时候，就容易想起一些人，曾经与我们相识的一起纯真、一起沧桑的那些人，那些已经成为往事的人，那些比我们早一些成为烟尘的人，他们的世界离我们远了，他们被我们称为故人。清明的时候，我会去墓园扫墓，原来觉得那里有几分萧瑟，有几分寂冷，但后来我看到了更多熟悉的长辈们的墓碑，从那时起，内心便没有了畏怯。为他们放一束鲜花，坐下来跟他们聊聊天，谈谈往事和今事，石家庄的西山地势很高，在那里看着东面的石家庄，觉得墓园其实就是石家庄的另外一座城市。那个时候，春风和煦，天地晴朗，清明节，在我的心中，竟然成了有些温热的所在。

清明节，又称踏青节、三月节、祭祖节等，节期在仲春与暮春之交。清明节源自早期人类的祖先信仰，而唐代则是中国南北各地墓祭风俗融合的时期，至宋、元，清明节逐渐成为中华民族的春祭大节。清明节融合了寒食节和上巳节的习俗，兼具自然与人文的内涵，既是自然节点，也是传统节日。清明节的时候，天气回暖，万物萌生，地气旺盛，呈现春和景明之态，是郊外踏青与行清墓祭的绝佳时节。想到 2017 年的这个季节我在南方，遍地的油菜花开了，那花海无穷延展，极尽奢华，是那种坦荡、袒露的美。它们肆无忌惮、张扬恣意地爆裂式开放，让人感觉惊世骇俗。这让我想起了北方春天碧绿的麦苗，虽然也是无边无际，但要显得平缓很多，它们从容淡然，相互摩擦，发出沙沙的声响，总是随着微风波动，起伏跌宕，有一种层层叠叠、生机勃发的感觉。那时候，才显现了北方一种内在的、不动声色的豪放。清明，就是这样一个季节：无数生命萌生的同时，人们也在怀念许多逝去的身影。

1

在中国古代延续下来的节日中，有几个最让人动情的节日，比如春节和中秋节。这是两个团圆的节日，这一天，家人相聚，亲人团圆成了人们在一年里最大的心愿。还有一个让人动情的节日便是清明节。年轻的时候，只知道这是一个祭奠故人的节气，那时对死亡有一种本能的畏惧，感觉它让人心悸、恐怖，并且距离是那么遥远。但当我的亲人去世后，猛然觉得，其实生与死的距离如此之近，甚至仅仅是一步之遥。在中国的传统中，人们对天地、先祖有着无与伦比的敬仰。记得春节我回老家过年，河北省深县（深州市）、饶阳那一带大年三十下午便要去祭祀先人，一直到傍晚，各个家族的坟茔“二踢脚”等鞭炮声不绝于耳。“十里不同俗”，也有的大年初一早晨吃完饺子，乡亲们互相拜年，然后就去祖坟祭拜，这让人觉得，其实生与死对于人们来说具有同等的重量。人的许多潜能比如记忆力，有时候会在某一瞬间表现得淋漓尽致。20世纪70年代清明节前夕回老家安葬爷爷的时候，当时祖坟的坟头都已经被推平了，变成了一片庄稼地。很多年没有回过故乡的父亲从路边用脚步丈量，前后左右走了几圈，然后肯定地说：“这就是祖坟的位置。”后来我问他：“离开老家那么多年，你怎么还能记得那么清楚?”父亲说：“祖宗在这里，家族的根脉在这里，不能忘，不敢忘。”

清明，会想起那些至亲。父亲刚刚记事的时候，我的奶奶就去世了，爷爷一个人拉扯着父亲长大，那时候他不到三十岁，终生未续弦。20世纪60年代，我每年春节前都要回老家，陪孤身一人在村子里生活的爷爷过年。年前爷爷收到信，知道我哪一天回家，早早便买好了鞭炮、糖果，还有一种叫桃酥的点心，放在立柜里面的一个盒子里，每次我回去打开那个盒子，里边都是满满的。大年三十晚上，爷爷带着我拜神灵，拜祖先，贴福字，贴门神，那时候除了院门、屋门和窗户上，连猪圈、鸡窝甚至铁锹、锄头等做农活的工具上都贴上一个“福”字，祈愿来年丰顺。到了初十左右，春节快过完了，爷爷要把我送到十里之外的长途汽车站，赶早晨七点发车的唯一一班长途汽车。凌晨四五点钟爷爷就要起床，他拉着大风箱煮熟了饺子，然后叫醒我。冬天，天亮得都很晚，吃过饺子，我和爷爷便摸着黑赶路，那时家乡都是盐碱地和沙土地，路边的盐碱有两三厘米厚，雪一样，白蒙蒙一片。十几里路没有人烟，只有芦苇、茅草和盐碱。两脚踩在盐碱地上，咔嚓咔嚓的声音就像踩雪一样，一种孤独感、凄凉感便油然而生。村子与村子相隔很远，很穷的地方，村子之间都相隔很远。天泛亮的时候，很远很远的村子里传来一声清亮的鸡鸣，它若隐若现，悠长辽远，高亢明亮，沁人肺腑。苍凉的荒野有一声鸡鸣，黯然的感觉便一下子被冲淡了许多，似乎在遥远处有了一种依靠，有了一种生命的寄托，有了一种暖意、想象和生机，在那一瞬间便注入了一些说不清道不明的长大了以后成为“思想”的东西，而且这种感受一直延续至今。这种感觉只有在那样的苍莽广阔中才能感受到，一声鸡鸣，就能扫去十里阔野的萧瑟和荒凉。我一直记得那样的鸡鸣，那是寂静中一种内在的精神，是那里的人的命运，听了就不会记不住，就真的能记一辈子。华北平原的村庄贫瘠、平和而安详，我和爷爷踩着盐碱地和沙土地向前走着，从那个时候我开始知道了什么叫作贫瘠，也知道了贫瘠产生深厚和思想。那条路很窄，茫茫的大天大地无边无际，一高一矮的身影，似乎是大地上唯一的生灵。虽然我那时候年龄还小，但已经非常真实地感受到了生活的艰辛和不易，这个时候，就不由得往爷爷身边靠一靠。虽然爷爷只是个农民，我在老家的时间也并不长，但我的许多理念就是从那个时候开始形成的。

还有我的姥姥，姥姥大字不识几个，但有着一般人不能比拟的朴素的智慧。我的一些朴素的善恶观，源于我的姥姥。姥姥平和、温和，很通达，比如她不让家里人数落鸡鸭猪羊等动物，姥姥说：“树木庄稼，飞禽走兽，是个活物就能听懂人在说什么，谁都不愿意听不好听的话。”所以我就一直相信万物都有灵性，好像年龄大了，就更相信这话有道理。家里来了一只猫，姥姥不让往外赶，就那么喂着，姥姥说：“是它自己来的。”过些天猫不见了，姥姥也不让去找，说：“是它自己走的。”记得连阴天的时候，鸡都下软皮蛋。姥姥说：“晴天喂糠，阴天喂粮。”就抓一把玉米粒撒给鸡吃。燕子是候鸟，冬天飞到南方，春天再飞回来的时候一定还要找到自己原来的燕巢。北方的大门很多都是有门洞的，姥姥家的门洞破旧了，舅舅想要把它拆掉重新翻修，姥姥不让，说：“再旧也要留着，等明年燕子回来的时候，还能找到它们的家。”下雨的时候，我常常忍不住跑到雨里淋着，用手、用嘴接雨水喝，那时的雨水是干净的，有甜味，很清凉。下过雨，路上的车辙里有积水，一两天里面就有了小鱼，一直奇怪它们是从哪里来的，舅舅告诉我那是草籽变的，当时我就相信了，去地里捋了很多草籽儿，放在一个瓶子里，灌上水，天天等着它们变成小鱼。等了好多天也没有变，我就去问姥姥，姥姥对我说：“大人的话，有时能信，有时不能信。”下雨的时候，村子中间大坑里的水满了，很多鱼就泛了上来，我和小伙伴们拿着筛子到坑边上去网鱼，回家后，姥姥就把我捞的两条鱼放进水缸里养着，说是鱼放在里面可以吃蚊子——早年水缸都放在院子里，下雨也不怕进水。姥姥对我说：“记着以后不要去捞鱼，它们护着这个村子。”姥姥经常说这句话，看到我们用弹弓打麻雀，或者去掏鸟窝、捅蚂蚁窝，姥姥都会说：“别去祸害它们，他们护着这个村子。”当时一直不明白，那些动物跟这个村子有什么关系？现在想来，早年天地人相对和谐，姥姥的话一定有她的道理。这些事情都不大，都是琐事，但对我以后性格的形成至关重要，让我懂得了良善、平和、仁厚、恭谨，懂得了爱和博爱，这财富一般的信条真的就成了我一生恪守的准则。

清明，还会想起故去的曾经在自己生命中至关重要的人。2018 年 3 月的一天，我跟小学、中学时的同桌王荣珍通电话，聊起上学时候的情形，谈到了我的班主任老师、辛集育红中学语文老师倪洪寿。王荣珍说他在年前去世了，听到这个消息以后我吃了一惊，内心一阵悲凉。早年倪老师还是青年，刚从内蒙古返回河北，带着我们这一班40多个不谙世事的孩子。想到他当年教我们内蒙古民歌，带我们挖地道、学工、学农，教我们写作文的情形，想到我在他面前背诵《离骚》的情形，真的就像是昨天。那时候由于其他活动太多，总是不能踏实地上课，这是那个时代的特征，现在想，倪老师也有很多无奈。他原来身体很好的，很结实，没想到老师的身体会垮下来，总觉得还有很多时间能去看望他，跟他聊天，却留下了很深的遗憾。当时那所著名的辛集中学和束鹿中学都被“砸烂”了，整个辛集只剩下了育红中学一所中学，教室不够用，因此我们还在束鹿中学原址上过一段时间的课。由于其他学校停课，一大批优秀的老师都来到了育红中学，那是育红中学最鼎盛的时期。有博古通今、口若悬河的甄义用，有和颜悦色、温文尔雅的陈锡珍，等等，后来担任了辛集中学校长的甄老师也做过我的班主任。清明节，就更记起他们的学者风范和长者风范。我后来走进文学之门，他们当时的循循善诱至关重要。都说父母是孩子的第一任老师，但那个时候的老师，更像是父母。

记得马可·奥勒留在《沉思录》中说过一段话：“我经常想到人生的短促，并思考他们的意义。度过这短暂的一生，坦坦然然地回归大自然，心满意足地结束自己的旅行，恰如一枚橄榄，成熟了就会落到地上。我会对孕育橄榄的大自然表示祝福，对结出橄榄的树木表示感谢。这无论如何是我的幸运。”

2

清明。在这个季节的一个夜晚，我突然有一些冲动，想为每一个逝去的人撰写碑文。天下之大，难以计数的人来去匆匆，我与他们有的人血肉相连，更多的是素不相识，很难知道他们的悲欢善恶，但我不写善恶，其实每个人善恶几乎等同，更不写贵贱，每个人来去时皆为赤裸。他们都有过温暖、凉热、爱恨，都用自己的眼睛看过这个世界，他们眼里有多少曼妙与丑陋啊！叶落叶黄，又是一年萧瑟，万千枯叶染尽冷雨，零落成几代绝世的风尘。

2007年的秋天，我回到当年我们部队的营房，我十几岁参军，不是我总怀旧，而是觉得那个时候无论多么遥远，它都是真实的。当年和战友们一起种的树长高了，看到那些树就想起一些人，跟我一起种树的战友，有的已经不在了，而我们刚刚在北部边陲相识的时候，都是青春勃发的孩子啊，于是便很有些伤感。远处的山和记忆中的一模一样，只是觉得它们矮了，后来我想，不是那些山矮了，而是我见到了更高的山。那些年吃过晚饭，我们常常坐在营房外一条铁路上想家，想比家更远的地方。回到老部队的那个傍晚，我再一次坐在那条生锈的铁轨上，夕阳西下的时候，竟然有了很多年前的感觉。人啊，真的经不住磨，不经意，就老了，甚至，就走了。想起那一年的8月，青海湖国际诗歌节期间，与会的诗人们去贵德采风，下午1点左右，我们来到黄河边上的梨园别墅用餐。刚落座，便收到一条信息："王中生昨天在北京出差，上午 11 点突然昏迷，没有抢救过来……"看过这条信息，我一直没有明白是怎么回事，信息是王中生的妻子发来的，看了两遍之后，我"啊"的一声站了起来。王中生是我在部队时的战友，那一年他才 45 岁，省公安厅巡警防暴总队的总队长。他比我晚一年入伍，在部队，我们都把他当孩子的。王中生出身名门，但从没有酸腐之气，他有非常平和却刚毅的性格，有非常好的家庭，妻子是 1999 年大阅兵时女兵方队的领队。王中生做人做事近乎完美，他怎么会走？我心情低落地给他的妻子打电话，我问："究竟是怎么回事？中生是在抢救还是已经走了？"当知道了确切的消息之后，我蒙了，赶紧往餐厅外面走，当时泪水已经实在忍不住了。恰好张同吾、韩作荣二位看到了，作荣问："怎么你脸色这么难看？"我忍不住把事情告诉两位兄长，懵懵懂懂地跑到黄河边，望着黄河水咆哮而过，悲痛难耐，在那里大哭一场。我不知道这是怎么了，我不知道人们这是怎么了。他当时要去秦皇岛检查奥运场馆的安全工作，就这么匆匆走了，甚至没有留下一句话。我给妻子打了电话，告诉妻子和孩子马上到王中生的家里去看看。张同吾、韩作荣和傅天琳看到之后，走过来安慰我。那顿饭我一口也吃不下，一直发愣。临上大巴车的时候，傅天琳大姐递给了我一个纸袋，她说：“不能不吃饭，这是刚才从饭桌上拿的几块儿点心，上车后你把它吃了。”晚上在土族寨子就餐时，我的情绪一直不稳，总是落泪。靳晓静对我说：“听说了，你要把心放宽。”我说：“我知道，但我怎么也不相信。”2007 年 8 月 11 日上午 9 点，王中生的追悼会举行，远在西宁的我在那个时间里向着石家庄的方向默默地对我的挚友说：“好兄弟，走好。”是啊，走了一个朋友，就多了一份孤单，其实我们即使在一个城市，有时也是一年两年不见面的，但当朋友真的走了，才觉得过去那么多的日子里，我们都在忙些什么？值得吗？

说到了傅天琳，这一段时间，总会想起跟傅天琳相识的时候，那时我们还都年轻，虽然她年长我十几岁，但一直觉得是一代人。20 世纪 80 年代的时候，我读她的诗集《绿色的音符》，觉得那种清纯无与伦比，后来又读她的《在孩子和世界之间》，眼前便有了一个童心和童真充盈的诗人的形象。之后，在众多的诗歌会议上我们总能见面，就像我在散文中写过的，见面总是愿意离得更近一些。我平时不爱说话，天琳大姐的话也不多，但遇到一起，愿意跟她聊天，觉得这位大姐可以信赖。2011 年 11 月 22 日在第八次作代会上和 2016 年 12 月 3 日第九次作代会上，很巧，都是一进会场就遇到傅天琳。2019 年 9 月，我到重庆参加“首届缙云诗会——中国诗人走进重庆北碚”活动，在茂密的丛林中，傅天琳大姐告诉我：“世界上有那么多山，我最爱缙云山，还有那个叫缙云山农场的果园，在物质和精神同样贫瘠的年代，她用仅有的不多的粮食和最干净的雨水喂养了我。一个刚满 15 岁没读过多少书的少年，在山野获得了最初的诗歌启迪。漫山桃红李白，而我一往情深地偏爱柠檬。它永远痛苦的内心是我生命的本质，却在秋日反射出橙色的甜蜜回光。那味道、那气息、那宁静的生长姿态，是我的诗。做人作诗，都从来没有挺拔过，从来没有折断过。我有我自己的方式，永远的果树方式。果树在它的生活中会有数不清的电打雷劈，它的反抗不是掷还闪电，而是绝不屈服地，把一切遭遇化为果实。”傅天琳大姐性情温润平和，9 月 25 日晚上，蒋登科陪我们大致浏览了西南大学，又开车带天琳大姐、娜夜和我去嘉陵江边散步，那次在江边走得很远，知道天琳大姐走得很累了，便对她说：“站下，休息一会儿。”但她跟娜夜兴致不减，一直不停地走。看到绿茵环抱中的万家灯火，她说：“原来这个地方我常来，觉得那时候这地方好小啊，现在变得好大。”我对大姐说：“你的心大，所以你面前的世界就大。”大家也走累了，蒋登科看到路边有一个甜点部，就走进去买了几支冰激凌。我生活得太规律，除了吃饭时间和饭后吃水果，其他时间是不吃东西的，但天琳大姐举着一支冰激凌对我说：“你吃，你要吃，这个冰激凌有特点，跟其他地方的不一样。”那神情，让我想起了青海湖边孩子气的傅天琳。2020 年在成都参加第六届中国诗歌节，我写了一首诗，题目是《在青城湾，五位诗人说起年龄》，其中写道：

2020 年 11 月 3 号的中午，
成都青城湾，绿意迷蒙。
在一个叫作千荷的亭榭，
忘记是谁最早说起了年龄。
不约而同，从手机中翻出旧时的照片——李琦30 岁，刘立云 24 岁，傅天琳 33 岁，张新泉 27 岁，
我 19 岁。

是啊，那是一个没有杂质的年龄，那时候我们没有想到以后会相识，会牵挂着走路，会背过彼此的文字，会一起坐在青城湾午后的阳光下。我接着写道：

不记得谁会不老，
不记得谁还会有昨日的容颜，
但从今天开始，我记住的，

是他们年轻时的面容。

如果那时候认识他们，

我会爱他们，比现在更爱

——现在也不晚，

在青城湾，我们用几十年前的眼神，

对视在了一起。

这时候，青城山黯淡或辉煌的阳光，

依然如昨！

想到这些不禁感慨：青城山晚霞的余晖在我眼前依旧灿烂，缙云山的青竹依旧碧翠，而天琳走了。经常想起一些恒久的事物，它成为嘉陵江沿岸的树木、河流和土地。已经过去的和即将发生的都会在嘉陵江的淌动中流逝，我们终将沉默，而嘉陵江，依旧无限、无言、无尽，并且永不止息。

清明的那一天，一定会想到伊蕾。1975 年认识她的时候，她不叫伊蕾，叫孙桂珍和孙桂贞。1976 年，时任《河北文艺》编辑部诗歌组组长的王洪涛先生在保定易县西陵主持召开诗会，当时担任西陵文管所所长的陈宝蓉先生晚上在泰陵前给我们讲故事，讲到一些灵异情节的时候，吓得伊蕾惊声尖叫。那时候的伊蕾，的的确确就像一个孩子，那情景至今历历在目。2018 年 7 月 13 日伊蕾突然离开之后，我第一次觉得这么笔力不逮，第一次觉得语言这么枯竭，越来越觉得面对世事的无奈。原来有人去世了，我感觉到悲伤，脑子里马上浮现出和他交往的经历，能写一些文章怀念他，但是伊蕾离开以后，面对猝不及防的凄凉和悲惨，竟然没有能力来表达当时的感情。一个几天前还在和你通话的朋友，一个心心相印的知己，一下子就听不到她的声音了，拨她的电话，只有手机接通的声音，而她不再接听，给她发信息，她不再有回复，那时候，实实在在感受到了心里的疼是什么样子。第二天上午，我专门到办公室去找她的诗集《伊蕾诗选》和《独身女人的卧室》，想再看看那两本书，看看伊蕾在扉页上给我写的那些字，但是没能找出来，几次搬办公室的时候，把想保留的书都装箱了，那些箱子很重很重地摞在我的办公室。《伊蕾诗选》出版的时候，她寄给我一个很大的邮件，里面是送给石家庄诗友的诗集，有十五六本，都写着诗友们的名字，另外多出了两本，上面也有她的签名，她对我说："你觉得谁值得给，就送给他。"没能找到这两部著作，在我办公桌上的一个本子里，我找到了一张照片，是伊蕾 2008 年拍摄于自己的家中，后面有她的签字。我忘记了她什么时候给的我这张照片，一直放在我的案头，已经十年了。我跟伊蕾相识的时候她还在邯郸 2672 工程指挥部当工人和广播员，我保存伊蕾给我的信函，最早的一封写于 1976 年 7 月 1 日。我们一起长大，然后一起变老，我知道，她很少提"老"字。1984 年我们十位诗人成立"冲浪诗社"，伊蕾是诗社中唯一的女性诗人。

1987 年《人民文学》第一、二期合刊发表了她的组诗《独身女人的卧室》，受到一些人的指责，作者和责任编辑承受的压力都很大。我对伊蕾说："别在意，别的我也帮不了你，就是要你马上寄一组诗过来，我发在《诗神》上。”《独身女人的卧室》出版以后，她给我寄来了一本，扉页上写着“送给亲爱的小猪”，后来这本书被其他朋友借走，我以为再也找不回来了，给她打电话说：“《独身女人的卧室》让我搞丢了。”她笑了，说：“我再给你寄。”于是又在扉页上写了一段话，给我重新寄了一本。后来借书的那位朋友把《独身女人的卧室》还给了我，所以这部诗集在我手里有她不同时期送给我的两本。2000 年 10 月，河北省作协在平山召开河北诗会，那天大家都很开心，晚上在我的房间，铁凝、伊蕾、张学梦、陈超和我一起畅快地聊天，说了很多话，拍了好多照片。其中有一张照片，张学梦的头上和我的头上多出了两个小犄角，那是当时用相机自拍照片的时候，铁凝在张学梦的头上用手指摆了一个“V”字，陈超在我的头上摆了一个“V”字，中间的伊蕾看到后很灿烂地笑着，那时我又看到了伊蕾最初的笑，是那种发自内心的松弛、纯真的笑。有的时候我一个人面对那些照片发呆，那个时候我们还都年轻，那个时候的情感，是那么单纯、真挚。2014

年 11 月 4 日，伊蕾知道那一段时间我担任鲁迅文学奖评委时遇到了一些事情，就发来信息说："烦了，就告诉我，我带你去开一片地，春种地，夏锄草，你的心就开了。"我对她说："没事，我的心早就开了，那些杂草，被我锄得挺干净，其实心开了，那些草就没了。世上无大事，再多的芜杂，一风拂去……"实际上一直到伊蕾去世的时候，她的生活，她的居所，她的心灵，她的情感，都没有找到一个真正的归宿。去天津送伊蕾的路上，我对刘小放说："我大脑晕晕的，不知道白天黑夜。总是流泪，但是没能哭出来，我觉得我应该哭一场，如果我什么时候能够大哭一场，可能这个坎儿就过了。"是啊，很难说谁先逝去，很难说谁给谁送上一束鲜花，很难说谁的手指轻触另一个人的墓碑，那手指，蕴含着温度和暖。也很难说，谁想起一个人时会流下眼泪，会把一辈子的情分都抚在那深深浅浅的碑文上。

在一个深霾的暗夜，我读到托马斯·沃尔夫在《天使，望故乡》中的一段话："我们每个人能有今天，都有他说不清的各种渊源。剥去外在的那一切，再回到暗夜中去，我们就会发现，四千年前开始的故事，昨天刚刚结束。现世的每一分钟都是四万年历史的结晶，人们飞虫般飞向死亡，寻找归宿，其间的每一片刻，都是窥视整个历史的一扇窗户。”

叙述这些的时候，正值三月，万物都在萌生。我感慨草们树们花们的枯荣，它们或盛或衰，是固有的天数，天地若在，就是这样，谁也不能改变，什么时候也不会改变。清明节。是啊，前世今昔，沧海桑田，不知道多少人来到过这个世界，有多少人的气息曾吸天纳地。一世为人，不去想瞬间还是恒久，暑热寒凉中有了他们匆忙中活过的一生。世事本平浅，华年翠盖都会烟消云散，于是就忍不住感慨：寒清明，春意冷，远离恨，空留情。那时我想对故人、对今人说：一爱千年，一恨千年，一愿千年，一瞬，竟然也是千年！

清明：有一个约定

梅 洁

1

2016 年 1 月 20 日，中国作协创研部在北京召开《梅洁文学作品典藏》（七卷本）座谈会，20 多位作家和评论家到会。

我万万没有想到评论家田珍颖女士是在丈夫逝世不足 70 天、心情极度悲苦、身体十分欠佳的情况下出席会议的，还做了震惊全场的发言。她的发言根据中国作协录音整理，竟有3900余字！

事后得知，对丈夫的去世，田珍颖几乎对外界封锁了消息。除其亲人和三两朋友外，她对所有人"屏蔽"了自己的悲痛。她说她接到中国作协创研部邀请她出席座谈会的电话和函件后，曾犹豫过，因为在丈夫离世的两个月里，她已谢绝了几次会议邀请。但她想到此次是梅洁作品的研讨会，是20多年前她亲手编辑并发表的《山苍苍，水茫茫》作者的研讨会，她就去了。没人知道她的悲苦，那是与她相守一生的亲人和同学（她与丈夫是中国人民大学同学）呀！也没人知道，无数的劳苦已使她的腰疼痛得坐下难以站起、站起难以坐下。然而，她去了。

座谈会开过两个月之后，在京城乍暖还寒的3月，我去京南方庄看望田珍颖。自1992年因《山苍苍，水茫茫》结识了时任《十月》杂志副主编的田珍颖，20多年里，我一直称她为"田姐"。去京南方庄看望田姐时，我依然不知田姐丈夫去世的消息。17层楼下，我笑吟吟地问接我上楼的保姆："田老师好吗？"保姆答：

“好！”“王老师好吗？”我是问田姐温文尔雅的丈夫。保姆一阵支吾后，说：“身体不好，在住医院。”“什么病？”我惊讶地问。保姆半天不吱声，之后才说：“王老师去世了……”“你说什么？王老师去世了？什么时候？”“去年11月，好几个月了……田老师不让说，待会儿你见了田老师，别说是我告诉你的……”这位来自甘肃的女子后面还说了什么，我已浑然听不见了。

田姐呀田姐，这么大的事你居然没告诉梅洁！这么深的悲苦你独自承受，不让任何朋友知晓！你有那么多朋友、那么多爱你的作者，王老师有那么多学生，为什么不让人们知道呀？！

“就只一个心念：不想惊动任何人，更不想麻烦别人。”17层楼住宅的客厅里，田姐坐在我的对面，异常平静地说，“这世上任何的悲苦都只能独自承受，独自体验，任何人都替代不了。幸福也一样……”

3月的阳光从17层楼的窗户射进来，一片暖洋洋，阳光里的田姐显得分外安详。望着田姐，我就在想：这世间真正的智者，任何时候都不是向外索取的，她

(他)呈现给世间的美好仅是其承受苦难的力量外现。任何高贵的内心都是安静的，从不奢求，更不张扬。

转眼，清明节到了，在此之前，田姐已和儿子一起在京西万佛华侨陵园安葬了丈夫的骨灰。11年前，我的丈夫已安息在这座陵园。为丈夫扫墓的那天，我收到了田姐发来的短信——

梅洁好！清明扫墓，又遇三位老友，其中有《十月》创始人王世敏之妻。我们都选的是类型墓，不是艺术墓，四家都选了横刻字的碑。扫墓相见，不胜感慨，之中有几位是我这样的年高者，大家笑约：待以后我们到地下要办万佛园阅览室和杂志。

清明无雨也成泪，你心情别太沉重。祭告你的亲人，这里不寂寞。我们将来会有一个友情醇厚的大家庭，你的亲人也是其中一员。

站在丈夫墓前，我笑望满山葱绿的万佛山，却已泪流满面。我把田姐的短信念给丈夫听。之后回复："田姐，那时你办杂志，我还是你的作者……"

2

紫红、雪白、墨黑三色花岗岩、汉白玉相嵌，组成一个庄严的"人"字形艺术墓，我为丈夫献上一束金色菊花，两个儿子为他们的父亲点燃一炷香，献上一盅酒、一杯茶。我们总是一年一度虔敬地做着这一切。此刻站在墓前，我向两个儿子讲述我与田姐相识相知的过往。

我说如果当年没有遇到田珍颖这样的编辑，我的《山苍苍，水茫茫》怎能问世？没有《山苍苍，水茫茫》的问世，我何以有日后的《大江北去》《汉水大移民》三部曲？

人生乃是一个匆匆过场，能有这样的相遇相知相约便是多么珍贵的福惠……

第一次见到田珍颖是 1992 年 9 月。当我怀揣着在京城一家名刊搁置了 6 个月后退回的《山苍苍，水茫茫》文稿来到《十月》，当我和她讲述了鄂西北那块土地、那方人民之后，她就和我一起流泪了。她对我说：“作家最担心的莫过于找不到理解自己作品的编辑。”这个世界上，真诚的理解似乎已越来越少。我们每每像守护儿女般怀揣着自己的作品，为找不到理解者而伤心、落泪，但我们内心却永远自尊自爱着。

后来，田珍颖告诉我，在接纳作品的那天晚上，她的父亲来北京参加全国两会。在亲人短暂相聚的时刻，她向父亲讲述了鄂西北那块土地和人民……父女俩感慨之余，对那块苦难而神奇的土地充满了敬意和同情。此后的日子里，她便不断地给我写信、打电话，就作品本身进行反复切磋，直至发表，直至召开作品讨论会。

以后的年月，我和田珍颖的相处便是心灵的。

北京这个城市太大，大得朋友们想聚一下没有一整天时间根本无法实现，加之我和田珍颖都是那种不喜热闹、只爱独处的人，为此，心里有了想说的话只好打电话。

在一次又一次的电话联系中，一个优秀知识分子、职业编辑的思想、襟怀以及对作者、作品的尊重深深地感动也震撼着我。她说："作家把书写好了，把文章写好了，交给编辑才能发表。编辑这个职业说好听了是桥、是舟，作者要踏在这座桥上，作品要乘上这艘船才能抵达对岸。对岸是什么？是亿万渴望精神慰藉的心灵，是民族文化的灿烂星空！还有一个比喻，当编辑就是当文学的挑夫，就是帮作家把作品背上山、挑上山、扛上山！没有这种责任担当，不把民族、民众的命运扛在肩上，当编辑干什么？"

她又说："稿子并不是光靠看，有时要闻其味，那是言外之音。我每每不是看稿子而是闻稿子。我深知，每一篇好作品都充盈了作家的呼吸，布满了他们的生命气息，编辑一定要闻得出来这呼吸、这气息才是称职。"

在2016年1月那场座谈会上，田珍颖的发言震惊四座。她从"人民性"和"深情"两个价值取向上，激情阐述了她的意见。她这样阐释我作品中的"人民性"——

她塑造了一个庞大的人民群体，这个群体极具草根性，是生活在社会最底层的纯粹的人民。他们几千年来，以自己的勤劳和勇敢，顽强地生活在这块土地上，他们和那块土地上的阳光、水共同生存，并代代相传。梅洁笔下的这个群体是动辄以“万”来计数的，南水北调中线工程两次移民83万；一个镇一个乡都是成千上万的大迁徙……每一个数字后面，都是一个生命、一个命运、一个故事。梅洁将这“一个”“一个”连成了一个庞大的社会群体，从这个庞大中，他们显示出惊人的强大。正是这样一个庞大群体的强大性，成就了世界上最大的一项水利工程；也正是这样一个庞大的群体，跨越过难以言说的艰难，以半个多世纪的岁月历程，让汉水北上，润泽了北方亿万人民……我们说是“人民性”这三个字构成了梅洁创作的一个价值高度。

接着，她又这样阐释我作品中的“深情”——

和作品的人民性一样，深情支撑了梅洁庞大作品的结构和丰富的内涵。

梅洁融汇在作品中的深情，是一种灵魂的出行。如同古日耳曼人能在深夜听到太阳向东运行的声音一样，梅洁怀有这样的灵性和情怀。

少小离开故乡，31年后，为寻找家园而重归故乡的梅洁，能够听得到故乡“葬在水下的音乐”；她把故乡的山梁说成是蓝色的，在那儿可以看到母亲扬一扬手；她也可以说父亲是“一匹白色的风”，能够穿越天堂和地狱，来到她身边帮助她前行；而她故乡的父老乡亲和大河，更可以展开心灵与她对话，使她的灵魂能够出行。

……

清风如絮、阳光如瀑，轻轻送来天堂人间殷殷的问候。

站在丈夫墓前，沐着京西万佛山四月的清风，我向两个儿子静静地讲述着。两个儿子听完，便说：“妈，你与田老师有这样的友谊真好！田老师是真正优秀的知识分子！”我感动于儿子理解着我们。

我相信，此刻，天堂里的丈夫也肯定听懂了两个文学女性心灵的真音。倘若他曾经孤独、伤心，此后，他便会有无限的欣慰和指望。这片万佛护佑的陵园，陵园里未来的那个辉煌的图书馆、那本文学杂志，是我们在另一个世界相会相聚的殿堂。生前不屑文学写作的丈夫，也定会成为这座殿堂里优秀的一员。

站在丈夫的墓前，仰望 4 月朗朗晴天，我想：有过这样的生前，一定会有这样相知相遇的生后。

感念 2016 年：有一个清明的约定。

我的亲人们

傅天琳

1　清明

回家，回我们乡下那个家。那个家里，有弟弟、弟媳，还有母亲的坟。有小河弯弯，白塔尖尖。只有那个地方，才能将远在天涯的亲人们聚集起来。

年龄愈大，愈是思念家乡，家乡的泥巴路，热乎乎、糯滋滋，踩一踩都让人心醉。

又是清明，姐妹三人邀约回家给母亲祭坟。在清明节回去，几十年了这还是第一次。母亲在1969年去世，她没有看见儿女们像模像样的那一天。

母亲的坟头长满苦艾！我和家乡的联系，就在它的一根叶脉上。跪在坟前，任艾草抚脸，凄恻入骨，疼痛入骨，思念入骨，不相信风暴早已打散我们。

祭坟的人群络绎不绝，我将诗稿一页一页烧给母亲。忽一路火炮爆响，引得小孩子们涌向坟头，把个悲凉的事儿弄得热热闹闹。唯有一个三岁的小男孩声嘶力竭地哭：“不要放火炮嘛！”

在我们乡下，男性一律称之为娃，女性一律称之为妹，如果我告诉你小妹、蒋五妹、谢二妹，你一定不知道她们之间的关系。小妹是我的表妹，蒋五妹是她的儿媳，谢二妹则是她的孙女。号啕大哭的小男孩是谢二妹的哥哥，大家叫他谢大娃。村子本不大，盘根亲，串来串去串成了一家人。

原来是谢大娃的妈妈死了，那个蒋五妹，长得俊俏，身体又好，我上一次回家时，看见她在河边挑石子，身材苗条、饱满、矫健，那张脸出汗后愈加白里透红，就觉得“花儿红得不忍离去”这句歌词是为她写的。

这么年轻，才22岁，怎么就死了？她仅仅是得了阑尾炎。我的家乡，仍是缺医少药，头晕肚子痛之类的，都是扯几把草药煎汤喝。小病不看，拖得不能再拖了才去医院。这次是去得太晚了。蒋五妹病逝时谢大娃两岁，谢二妹才出生。两岁的儿子在火炮声中看见母亲下葬，从此认定是放火炮把他妈妈放到土里去了。

倒是谢二妹太小什么都不知道，她怯生生地走到我身边，在泥灰和鼻涕中透出和她妈妈一样好看的脸。没娘的孩子像根草，当然他们不是草，爷爷奶奶很爱他们。我一左一右牵着，蒋五妹的坟和我妈妈的坟一样，已长满苦艾，在阳光下。

2　不见年轻人

人生忙忙碌碌，难得只说闲言俚语。回到家乡，最喜欢端个凉椅，坐在弟弟的晒坝，面对竹林和沱江，姐姐们说家里的人儿事儿，弟弟说家里的猪儿兔儿。说来说去还是家乡好哇，一片树叶就能为我们遮挡风雨。

“毛毛——”一个苍老的声音传来，抬头一看是年过古稀的谢三婆提着篮子从河边洗衣裳回来，紧接着又是曾大爷弓腰驼背从河边挑水上来，再是挑粪桶的，背柴火的，打猪草的，一顶一顶白发从眼前飘过。我弟弟家的晒坝边是乡亲们下河、上街的必经之路，这些情景我都一一看在眼里。

我们的悠闲与家乡老人的劳累形成强烈反差，我羞愧难当。

不能再坐了。索性离开晒坝到坡上去走走转转，一路清风习习，草虫咽咽，而在田地里劳作的依然是稀稀落落的老人们。每日荷锄迎送太阳，红苕挖了点麦子，麦子收了栽红苕。挑粪又挑水，栽秧又挞谷，都靠那一把老骨头，而年轻人都到哪里去了？

年轻人都外出打工去了，铺天盖地的民工潮，卷走了我家乡的年轻人。去成都，去重庆，去广东，近的就在资中县城，架桥、铺路、蹬三轮车。总之不在家里。

是啊，年轻人，谁愿意安于现状？谁不想出去闯荡闯荡，见见世面？而外面的世界是否就精彩？小妹的女儿在深圳打工，因长期接触有毒物质，回家来吃不下睡不着，急得小妹一说就哭。表哥的二女儿从南方回来，得了肝炎，花掉打工挣来的所有钱，还是没有治好。表哥拿出女儿的遗照给我看，那张 18 岁的脸，多么鲜嫩。

没有想到的是，表哥的大女儿，在家里待了三个月之后，背起小木箱，又到南方去了。

我家乡的年轻人就这样义无反顾、前赴后继地往外走。年轻人都走了，我的家乡变味变质了。

3　八姨父

这一次回来得真巧，碰见了从台湾回家探亲的八姨父。八姨父自从可回家探亲后，每年都要回来一次，还带上在台湾的“新八姨”。他说现在办手续很容易。

八姨父就是小妹的父亲。在小妹的晒坝上，坐满了全村的人。大家忙着抓鱼捞虾，杀鸡宰羊，不亦乐乎。

七姨年过八旬，是我母亲姐妹中唯一还活着的人。

患类风湿多年，手脚关节早已变形，她能活到今天我们都认为是她性格好，豁达，心宽，淡泊，凡事都能化解的原因。七姨早年曾是四川大学英语系高才生，现在还能用英语对话，经她辅导的孙子们，英语这一科都拿高分。她平日行动不便，全靠一根手棍。一次摔伤躺在床上不能动弹，她还自作打油诗云：手中一根棍，形影不离胜儿孙，一日不慎折断了，花去药费七千分。

七姨让我们看见了母亲的影子。八姨父要想象如果八姨还活着，也只能看七姨。在这个院坝里，可谓儿孙满堂，七姨和八姨父就是我们父母辈中仅存的两个人。八姨父自然要将七姨请到中间的方桌上方的主宾席。我和新八姨坐在两边，不断给七姨夹菜。

我不断地往七姨碗里夹猪肉、鱼肉、鸡肉、羊肉。七姨用那变形的手送到嘴里虽然费力，但能不断地吃。“新八姨”则很礼节很斯文地挑起鲜嫩的油菜，把菜送进七姨碗里，用她那带着闽南音的台湾普通话说道：“多吃点青菜，青菜含有维生素、粗纤维，很有营养的。”阳光软软地照着，我看见七姨微微出汗微微泛红的脸，心里几多感叹。七姨接受的全是肉食，我当然最懂得七姨。看得八姨父惊叹不止，直说“七姐胃口真好哇”。

这时，归来的八姨父早就离开饭桌，站在屋檐中间，背着手踱来踱去，像乡干部来视察的样子。不住地喊大家多吃点多吃点，满脸的幸福和陶醉。这一顿他什么都没有吃，他就吃大家团聚的快乐。是我们大家，给了他快乐。

饭毕，我的表兄表姐们，各自扛出一个口袋。大表哥的一袋，取出来一看是西装、大衣、牛仔裤。这个“新八姨”，笃信佛教，是个善良慈爱的人。她对姨父以前的孩子们尽到了爱心。一个孩子一大包，单是运回这六个大包，可以想象一路上过关走卡多费劲。

说起衣服，那天我看见一群孩子都穿着我家儿女的衣服。几十年来，我们在外面工作的三个姐姐，加上侄儿、侄女、侄孙，不知清点了多少衣服回家，弟弟和弟媳是肯定穿不完的。久而久之，村里人便都穿着我家过去的衣服了。一件衣服，一段岁月，一段回忆，好不叫人亲切而怅然。回到出版社向好友讲起，她们也清点衣服给我，现在我带回去的衣服，花色、样式更多了。

4 沱江

我家门前，是缓缓东流的沱江，沱江一向幽绿，清澈，漂满了渔船。前些年年轻人还未进城时，大多在河里打鱼。这次回家，看到水变黑了，一时没反应过来，还以为是今天城里的某个地方倒了脏物，流过去就会好。接连两天，三天，水依然这样黑，我才痛心地明白过来：我清清的沱江被污染了。

真的，就是两年前，它还是清清的，我以为在被污染的世界里，我的家乡是个例外，可是现在它变黑了。

村里没有人打鱼了，是打不到鱼了。当然也留不住年轻人了。

河边，是一个巨大的河滩，形成回水沱。河边的土地，年年经受水的冲刷。发洪水时，土地被冲走，眼睁睁看着到手的收获付诸东流，但同时带来卵石，使得这片河滩更加走不到边了。这河滩，它蕴藏的卵石和河沙达上亿吨。就地取材，若是办一个沙石厂、预制板厂，我的家乡是“吃”不完的。这一点乡亲们都看到了，有人不止一次想行动起来，想办厂，想搞沙石。无奈一个人本钱不足，又无人组织，集中不起来。

5 夜话

弟弟的小屋里挤满了人，大家笑着说队上开会还没这么多人呢。一个乡亲忍不住唱了两句“天上布满星，月牙儿亮晶晶”。由于是春节，在省内做工的青年人都回来了。

我每次回家都这样，一到晚上屋里就坐满人，要听我摆龙门阵。可是今晚他们不想听我摆了。晚饭前还在灶房屋烧火，那个失去右手的小侄白平，就叫住我的女儿说：“小玲给我说一段英语嘛，虽然我一句听不懂，但你说几句嘛，我想听。”

家乡的孩子们，想听听对于他们完全是陌生的话题。女儿是学外语的，从事外交工作，他们想知道同样年龄的小玲是怎样与“高鼻子”打交道的。这一夜女儿坐在中间，脸红着，很美丽。

接着轮到当兵13年的侄儿小鸥，他刚从西藏转业回家，在县政府工作，他讲的西藏民俗及军营生活，把孩子们带进一个更加神秘的世界。我们坐在旁边一句话插不上，只能满脸慈爱地做老人。

话题行至天边又回到眼前，回到家乡的路。这条路，从我们村到县城仅六里，已经走了近百年。几年前就听说要修公路，终因财力不足或是别的原因，修了一半又停工。年前，家乡政府来信请我们在外面的人捐款修孔庙，家乡的事我都要照办，捐，但不明白为什么不捐给公路，却都要往孔子那里凑热闹？没有公路，河滩的沙石就派不上用场。

生活总是充满真情和矛盾，总是摇曳多姿。我家乡的触觉应该更敏锐更现代一些，我渴望早日闻到家乡机油的香味，听到马达的轰鸣声。

清明风至

葛水平

1

惶惑在某一个黄昏或上午，父亲和祖父会背着一个帆布行囊远足而来，会用他们憨厚的影子堵住我进门的光照，那时有一个很不能概括的念想：“我们家的乡下男人进城来了。”

忍不住遥想当时形貌，但我明白，我们家里的乡下男人永远住在乡下了。

每年的清明这一天，无论刮风下雨，我都要回乡上坟。说是坟，其实只是一眼废弃的窑洞，在老家后山的黄土崖下，二十七年了，父亲很安分地在等活着的我妈，而我的父亲曾经是一个多么调皮捣蛋的人，记忆中和我童年的生活永远融为一体的父亲在某一个黄昏丢失了音容笑貌。老家有个不成文的规矩，夫妻一场先走的人一定要放在一个地方等在世、留在红尘中的那个人百年后一起入土为安。

光景稍纵即逝，从此，清明节成为我一个泪雨纷飞的日子。

“清明断雪，谷雨断霜。”清明过后，气候回暖，春意正浓，农人开始摇耧下种。清明节，是二十四节气中第五个节气。《淮南子·天文训》云：“春分后十五日，斗指乙，则清明风至。”另《岁时百问》这样解释：“万物生长此时，皆清洁而明净。故谓之清明。”

清明祭祖扫墓，冯友兰也曾说，“行祭礼并不是因为鬼神真正存在，只是祭祖先的人出于孝敬祖先的感情，所以礼的意义是诗的，不是宗教的”。

谁都清楚，祭奠的酒馔“一滴何曾到九泉”，但我们却相信亲人、先祖能够领受我们的情意与祭奠。清明是反映自然界物候变化的节气，这个时节阳光明媚、草木萌动、百花盛开、气清景明、万物皆显，自然界呈现生机勃勃的景象，节气也成了物候变化、时令顺序的一种标志。

2

二十四节气是农人过日子的晴雨表，它们点缀着质朴而平和的乡村生活。也许这个世界确有着我们所无法感知的空间，也许因此人们总在充满幻想，不知为什么，在乡村的记忆中，那些和人们生活无尽盘桓的节日，已有几千年的仪式说丢失就丢失了，我为此时常会生出一些伤感。

从前乡下人过年是一个长岁的节日，一年之际始于春，出了正月，年就算过完了。二十四节气是和日常融为一体的，是劳动人的日出日落，平常日子里每过一个节气都被劳动人指定为好日子，那个日子的到来是用来享受的，是快乐的，但唯有清明例外。

父亲曾经说：从前的日子是人在过日子，现在的日子是日子在过人。

时间走得匆忙了。

从前，人们赋予日子许多美好，虽然那些少年蒙昧时期的往事都已不复存在了，而那些节气所赋予的细节还是那么生动清晰。清明节在农历三月，正月进入二月还有一个节气需要提说，那就是惊蛰，惊蛰是为了清明过后种子入土做准备的。

惊蛰到来的这一天，人们开始用去冬的艾草熏虫、打囤，用锨将草木灰撒成圆囤状，撒成梯子状（越高说明粮食越多）。因为清明节过后，做苦力的打工者便开始外出，俗称“泥汉行脚”。20 世纪 60 年代中期，人们不再打囤、熏虫。

“药王”孙思邈在其编著的《千金月令》上说：“惊蛰日，取石灰糁门限外，可绝虫蚁。”在“二月二”龙抬头（惊蛰节气附近）时，乡下女人要在大门口用草木灰“打囤”。一是为了“引龙归”，祈求新年五谷丰登，二是为了驱虫祛秽。在惊蛰日到来时，还有一个重要的民间习俗：祭白虎，打小人。

“春雷响，万物长”，温暖的气候条件利于多种病虫害的发生和蔓延，田间杂草也相继萌发，应及时搞好病虫害防治和中耕除草。“桃花开，猪瘟来”，家禽家畜的防疫也要引起重视了。这时，气温回升较快，惊蛰亦可闻春雷初鸣。

“打小人”的仪式在20世纪70年代就已经丢掉了。一件有趣的事，给春天开始生活的人们增加了流连忘返的情趣和理由。因为人这一生谁都排除不了口舌是非，“打小人”其实是敬口舌神。春暖花要开了，口舌神每年都会在惊蛰这天出来觅食，开口噬人，犯之则在这年之内，常遭邪恶小人对你兴风作浪，阻挠你的前程发展，引致百般不顺。人们为了自保，便在惊蛰这天祭口舌神。祭口舌神也是祭白虎，所谓祭白虎，是指拜祭用纸绘制的白老虎。拜祭时，需以肥猪血喂之，使其吃饱后不再出口伤人，继而以生猪肉抹在纸老虎的嘴上，使之充满油水，不能张口说是非。

“未过惊蛰先打雷，四十九天云不开。”

惊蛰节气正处于乍寒乍暖之际，有谚语讲：“冷惊蛰，暖春分。”惊蛰节的风也有用来作为预测清明节后天气依据的。如“惊蛰刮北风，从头另过冬”“惊蛰吹南风，秧苗迟下种”。现代气象科学表明，“惊蛰”前后，之所以偶有雷声，是大地湿度渐高而促使近地面热气上升或北上的湿热空气势力较强与活动频繁所致。“千红万紫安排著，只待新雷第一声。”

惊蛰这天祭白虎也与“二月二，龙抬头”有关，东方青龙，西方白虎，惊蛰是青龙升腾的时节，自然没白虎什么事，民俗祭祀白虎，除了为化解口舌是非，更是对白虎的敬畏和安抚。

3

清明是一个隆重的节日，其形成源于“八风”之说。八风是我国古代最早区分季候风的方式。我国自古以农为本，以农立国。所以清明对于古代农业生产而言是一个重要的节气，与农业生产有密切的关系，是民间重要的传统八节（上元、清明、立夏、端午、中元、中秋、冬至和除夕）之一。

清明节始于距今已有两千五百多年的周朝。夏商周时期是中国古代早期礼制成熟的时期。清明节据传为古代帝王将相“墓祭”之礼，后来民间仿效，于此日祭祖扫墓，经历代沿袭而成为风俗。

现在寒食节和清明节是一个节日，其实古时寒食节与清明节是两个不同的节日，也许因为寒食节与清明节的日子相近，不知何时便将清明与寒食合并为一日。在长期的发展延进中，清明节除祭扫之外还增加了郊游、踏青、放风筝、荡秋千、打马球、插柳、拔河等民俗。

从前山西人过清明节主要是荡秋千、放风筝、上坟、踏青、吃煮鸡蛋和刨野葱。放风筝是男孩子们的至爱；踏青则是老少皆宜的活动；秋千是人人都会坐上去荡一下的，据说能管着一年胳膊腿和腰不痛；吃野小葱则会让少男少女越来越聪明伶俐。

清明扫墓最重要的事是上坟填土，如果新墓不足三年则不需要填土——故去的人刚下葬，三年内还有一定的人间煞气，不适合动土。填土是帮助祖坟填风水。由于天长日久的风雨侵蚀，坟头比原先略矮了些，委顿了不少，有的出现了塌陷情形，必须把风水补上。

我童年记忆中，对清明节的主要印象是能够吃上煮鸡蛋。作为庄户人家的“小银行”，油盐酱醋钱都要从鸡屁股里面出，平常日子里除了生病之外，大人孩子要想吃个鸡蛋绝非易事。但是不管生活怎么拮据，清明节早晨煮鸡蛋却是每家每户雷打不动的习俗。煮熟的鸡蛋既当菜又当饭，而且便于存放携带，这或许是“寒食”不动烟火的古老遗风吧。

“寒食”节起源的另一说法是人们为了纪念晋国大臣介子推而设。

春秋战国乱云飞渡，晋献公的妃子骊姬为了让自己的儿子奚齐继位，设计谋害太子申生，申生被逼，无奈自杀。申生的弟弟重耳，为了躲避算计，流亡出走。重耳一路逃亡受尽屈辱，跟着他一道出奔的臣子因看不到希望各谋出路离开了重耳。少数几个忠心耿耿的人中有一人叫介子推。在重耳饥饿难耐之际，介子推从自己腿上割下了一块肉，煮汤给重耳补充体力。

重耳后来成为春秋五霸之一的晋文公。

晋文公执政后，对与他同甘共苦的臣子大加封赏，唯独忘了介子推。有人在晋文公面前为介子推叫屈。晋文公猛然忆起旧事，心中有愧。当晋文公来到介子推家时，介子推不愿见他，背着老母躲进了绵山（今山西介休县东南)。晋文公便让御林军上绵山搜山，终不见其影踪。于是，有人出了个馊主意：放火烧山，大火起时介子推迫于活命会自己走出来。晋文公乃下令举火烧山，孰料大火烧了三天三夜，终究不见介子推出来。上山一看，介子推母子俩抱着一棵烧焦的大柳树已经死亡。介子推死后留下一首血诗：

割肉奉君尽丹心，但愿主公常清明。
柳下作鬼终不见，强似伴君作谏臣。
倘若主公心有我，忆我之时常自省。
臣在九泉心无愧，勤政清明复清明。

为了纪念介子推，晋文公下令把绵山改为“介山”，在山上建立祠堂，并把放火烧山的这一天定为寒食节：禁烟止火，只吃冷食，以寄托哀思。从此以后，我国北方各省，相沿成俗，年年都过寒食节。

晋文公走时，他差人伐了一段烧焦的柳木，到宫中做了双木屐，每天望着它叹道：“悲哉足下。”

“足下”是古人下级对上级或同辈之间相互尊敬的称呼，据说来源于此。

4

清明和谷雨紧挨着，20世纪50年代前，清明节祭祀祖先结束后，乡下人在谷雨这天一定要将蝎子画用针钉在屋内墙上，并附诗一首：

谷雨三月中，
蝎子要出生，
才待从墙出，
神针刺心中。

“清明难得晴，谷雨难得阴。”土生百虫，那是两个不同的世界，在农人的想象中，一些神秘的事物被土地掩盖起来，那些黑暗中大地的絮语，它们和人类互相缠绊。除去美好的乌托邦似的阳光和欢呼，有时苦涩也会和人类相伴，它们有时更是亲切的，比那些浮泛的所谓的幸福更有意味，也更有滋味。

清明过后，燕子们便越过田野、小河，掠过水塘、菜园如约而至，落在树梢上、电线上、屋脊上，这里一对儿，那里一双，各自呢喃耳语。燕子通灵性，选中的人家必定是清洁的、敞亮的、家里人气旺的。选好了人家，还要看主家好客不好客，欢迎不欢迎。它先进去绕两圈，叫几声，试探几次，等于是通报一下，看主人的脸上对它们的飞进飞出是否满是善意、笑意。

选好人家的燕子便开始衔泥、筑巢。

燕子在天上飞，我们一群疯丫头，便撒欢儿奔跑在村巷、田野，一边跑一边喊：

天上飞的小燕子，

不给外婆推碾子，

外婆打孩儿屁蛋子。

燕子在梁上筑巢，它们衔来一根根草、一撮撮泥，衔得满嘴血，累得双翅折，其艰难程度恐怕丝毫不逊于秦人筑长城吧。父亲说：“小东西们就是舍得出力气，这些泥巴都是从很远的小河边或水塘边衔来的，这些马尾毛发也亏它们看得见。”父亲说燕子是又勤快又会持家过日子的鸟，不像那寒号鸟，偷懒不做窝，省下力气丢了命。

清明谷雨后，乡下常见一幅清新的图画：勤快的农家女身着刚换季的靓丽春装，像首长阅兵似的，目光环视一遍整个小院，托腮凝视片刻，继而操起一柄尖锹，笑盈盈地把颗颗椭圆的扁豆种下，篱笆下、栅栏旁，甚至于矮墙边和石头缝，直到实在找不出可以下种的地方。小院便诞生了一个隐形规划，随之将演化出一方寄托着主人万千梦想的生活背景。

几阵轻风，数番微雨，扁豆秧儿遏制不住地疯长，很快占据了小院的四处，说垄断也毫不为过，连青砖夹缝中都枝枝蔓蔓的。雨后初晴，碧青青一片，更显得嫩绿、新巧，给人一种古意盎然的感觉和一种滤尽尘埃的气氛。再过些时日，紫色的花儿便缀满四周，黎明太阳未出山前，定睛细看，朵朵隆起的花苞上竟含有点点晶莹的露水，好似小村姑含羞的泪珠，妩媚可人极了。远远地就能闻到它散发出的那股说不出的暗香。

扁豆花烂漫的时节，金色的蜜蜂时而嗡嗡地穿梭，时而憩在花上絮语；斑斓的蝴蝶或在篱笆上吻吻，或在栅栏上停停；带仔的老母鸡咯咯地踱步，锦团般毛茸茸的雏鸡在各自觅食，偶有几只进犯的毛毛虫出现，它们便蜂拥上去将其悉数歼灭；大黄狗静静地卧着，成为一道生动无比的剪影。这是一年当中最好的时节，有了这些活泼生动的紫色花儿，黄土地不再是那种单一的色调，绮丽的田园风光使农家更热爱自己的生活。

“梨花风起正清明，游子寻春半出城。日暮笙歌收拾去，万株杨柳属流莺。”乡村所有的日子都是养眼的俗事，养心，养情，养命，是用语言形容不来的，有节气必有意，有意必有吉祥。

沃野千里，清明景和。一个如此让人心动的乡间。

清明记怀

蒋子龙

已近衰年，将南迁投奔孩子，想是清明节最后一次回乡给父母上坟，祭扫祖宗墓庐。省坟如省亲，老家的坟圈子本是埋骨托身之地，维系着父母及一家人的亲情。

我国历法根据物候变化、时令顺序制定了 24 个节气。清明节自然也不例外，如民谚所云：“清明前后，种瓜点豆。”但清明又是俗演的节日，即由广泛的民风民俗和某种特定的纪念意义演变而成。

这特定的“纪念意义”，就是扫墓。

敬畏祖宗，是中华民族的传统习俗，是宗法制度的核心。《国语·周语上》载：“夫祀，国之大节也。”商周以来，上自天子，下到庶民，把祭祀神灵与祖先，视为国家大事、家族大事。孔子亦云：“生，事之以礼；死，葬之以礼，祭之以礼。”

后世独尊儒教，重视人伦，“事死如事生”。到东汉光武帝刘秀，更是以“孝”治国，愈加提倡祭祖扫墓。甚至此后千百年，在士大夫阶层都流行“宁可弃官，不可轻孝”的说法。

于是，一到清明或距离清明还有好多天，家家就格外想念逝去的父母及祖辈，准备上坟的事。我自然也不例外，距清明一周前，便从杂货市场买了一厚沓做烧纸的土黄色毛头纸。市场上有现成的烧纸卖，但我喜欢亲手为父母和祖先制作烧纸。在砸烧纸的过程中，身心静穆，脑子里会涌现父母、祖父母等生前的样貌。仿佛一边砸着烧纸，一边可以和他们默默地交流。有时想到撕心裂肺处，禁不住有热泪流出来，滴到烧纸上。

家里有使用了几十年的全套制作烧纸的工具：一个直径40厘米的木墩，上面布满钢錾留下的痕迹；一个在毛头纸上能刻出钱儿的钢錾；当然还少不了一柄榔头。清明的前一天，我在摆放着父母遗像的书房里制作烧纸，木墩下垫了厚厚的一摞报纸，以便消音和防震。将已经裁成长方形的毛头纸铺在木墩上，慢慢地砸成烧纸。按老规矩每张烧纸要砸出6行钱，每行9个钱眼儿。

所谓“老规矩”，就是我们家的规矩。祖父这么砸烧纸，父亲这么砸烧纸，到我这一辈也得这么砸。至于为什么烧纸上要有54个钱儿，而且竖着9个横着6个，则不明所以。

我曾查过资料，先秦时期，墓葬时多用现实生活中流通的帛布以祭奠，到汉代才有了专门供丧葬用的冥钱，取名“瘗钱”。《旧唐书·王玙传》云：“汉以来葬丧皆有瘗钱，后世里俗稍以纸寓钱为鬼事。”但为什么一张烧纸上要有 54 个钱儿？冥币是指一张烧纸，还是按烧纸上的钱儿计算？仍不得要领。

如今的清明前后没有好天气，空气燥烈，大风不断，天地昏黄，时有沙尘弥漫。而《淮南子·天文训》载："春分后十五日，斗指乙，则清明风至。"根据气温、降雨及物候的变化选定清明节，是因"万物生长此时，皆清洁而明净。故谓之清明"（《岁时百问》）。

诗人描写清明的名句也多是："清明时节雨纷纷""晴风吹柳絮""莺飞蝶双戏""风雨梨花寒食过""佳节清明桃李笑"……不知何故，如今清明前后的气象，竟变得不清不明。

所幸清明的早晨，风势减弱。我骑车到一家较大的早点铺买了 2 斤炸糕，这是父亲生前喜欢吃的。母亲去世得早，我当时还小，竟不知道母亲喜欢吃什么，所以每次上坟都是按照父亲的口味准备。随之又买了 2 斤果子（油条）。父亲生前来津，或在天津工作的三哥回老家，都要带油条。父亲独自生活，农村烧柴火的大锅，可想而知炒菜、做汤缺少滋味。掰一点油条切碎，放到菜或汤里，增加汤菜里的油星。再拿上一瓶特意存的好酒和三个酒杯，提着一大捆烧纸，由天津的侄子开车，直奔120公里之外的祖坟。

与往年的清明一样，出城上坟的人很多，却又不同于柳宗元所描述的："田野道路，士女遍满，皂隶庸丐，皆得上父母丘墓。"如今上坟都是开着汽车，车速缓慢，津沧公路上车如长龙，大家都在一点点地向前移动。

清明是早春中国传统习俗中最受重视的节日，过去因与寒食节相连，到唐代甚至两节合二为一。而寒食节是不许动火吃热食的，三四月间，天气寒冷，人们连吃几天冷食，身体难以消受。于是清明节伴以蹴鞠、打马球、踏青、荡秋千等运动，为了暖身体，保持健康，同时以娱乐抵消清明扫墓造成的哀痛。特别是祭扫新坟者，生别死离的悲酸更为深切。有人沉痛，有人欢乐，形成强烈的反差，是过去的清明节最明显的特点。

而今的清明节，踢球、荡秋千等诸般娱乐活动消失殆尽，自东周就有的祭墓之俗，却承袭下来，乃至有

“愈演愈烈”之势。这或许跟严复所说的“中国最重三纲……以孝治天下”有关。虽然当下世风剧变，人心难测，却愈发地重死轻生。按平方米计，墓地价格数倍于阳宅。民间有“死不起”一说。

特别是新墓，必须在清明当日祭扫。我一路上看到有用卡车拉着彩纸糊的元宝、金山、手机、电脑、彩电、冰箱、名牌汽车、别墅……更有甚者，用大轿车满载着扎糊得跟真人一般大小的“漂亮小姐”，到坟前烧送给阴世的亲人们享用。这比古代帝王用活人陪葬文明了千百倍，同时给肃穆的扫墓活动增加了娱乐色彩。原本两小时的路程，我们走了三个多小时才到达墓地旁的道边。一进墓地，往事历历如昨，我恍惚从未离开过家乡……

见每座墓前或多或少都有纸灰，就知老家的侄孙辈已经来上过坟了。但他们又忽略了祖坟圈子外面不起眼的一座孤墓——那是我二哥的坟，因去世时没有结婚，不能入家族的墓园。他曾是家族的希望，读书好，忠厚勤勉，上完私塾到天津官银号学做买卖。1948 年冬已经出师，外出为银行办事时被流弹击中，不治而殇。

我曾再三跟老家的侄子们讲，每年万不可忘了给你们二伯父的坟培土、烧纸。打个比方，逢年过节，假如把你们中的一个关在大门外面，进不了家，必然会在外面着急、喊叫，屋内的老人心里也不得安生。你们二伯父没有进坟圈子回到父母身边，就是这种情况。你们还常常忘了给他的坟培土、烧纸，于心何忍？

但他们还是遗忘，或者根本就不在意。我曾跟他们一起上过坟，在各位祖宗包括他们的祖父母墓前只象征性地放一点点烧纸，大部分烧纸都堆在他们的父母墓前，仿佛爷爷奶奶和祖宗们管不着他们。从他们身上我看到亲情、孝道正在变味儿。

由于老家的墓园几经变故，挖开深埋过，墓丘铲平过，后来不知何故又都允许培起坟丘。我想这可能跟中国人热衷修坟的传统有关，这传统正在恢复，近几年我就参观过一些重要人物和有钱人的墓园，阔大、豪华，甚至花样百出，比如把坟头修成博士帽形……

祖墓是家族根脉的标志。祖坟在，灵有所依，魂有所归，凝聚一个家族的人心，维系家族的感情。表达孝道和感情的方式各有不同，把祖坟修成什么样，都不足为奇。

坟墓被称为“阴宅”，《皇帝宅经》言，“宅者，人之本”“人因宅而立，宅因人而存。人宅相扶，感通天地”。为了好辨认各位先人的坟墓，我按老家侄子报的价翻倍给了钱，让他在每座墓前立碑。过了许久，他给了我一个理由，告诉我碑没有立成。好在我自小就跟着大人上坟，重起坟丘后几乎年年都来祭扫，认得每座墓下面埋的是谁，又准备了足够多的烧纸，便分别压放在每座墓前，只是将炸糕、油条、白酒摆放在父母坟前。我带着侄子依次点燃了所有坟墓前的烧纸，同时磕头完毕，重回父母坟前。

我心中充满对父母的愧疚。心知懊悔无用，父母也不能听到，却只想在父母坟前纾解自己心中的沉郁和愤恨。将酒打开，斟满三杯，父亲生前不嗜酒，每逢年节或遇到糟心事，会小饮几杯。我没有见过母亲喝酒，但我猜测母亲能喝几杯，便又斟了一杯放在坟前。

陪我跪在坟前的侄子问：“奶奶也喝酒吗？”

我说：“你奶奶走得早，我没见过她老人家喝酒，但我想老人能喝点。因为你奶奶是强人，原是一大户人家的长女，嫁给你爷爷后被我的曾祖母相中，委以掌管我们这个大家庭的重任，内外全得听奶奶的。主内还好说，主外关系着整个家庭的兴衰。分家前咱家的地不少，东、西、北三个洼的土质不一样，什么土质适合种什么庄稼，还要根据经验和见识推测当年的气候。降雨量大，就多种耐涝的粮食，雨水少就多种抗旱的庄稼。这一切都由你奶奶做主，常有令人羡慕的预见性，丰年不说，灾年也有一定的收成。因此咱家的日子也越来越兴旺。不仅全家人服气，村里人也都对奶奶挑大拇哥，尊称‘玉奶奶’。”

“为什么称玉奶奶？”

“奶奶的名字里有个‘玉’字。谁家有红白喜事，先请玉奶奶过去。奶奶先问清楚孝子有多少，其中大人多少，孩子多少，男多少，女多少，以及没出五服的叔伯弟兄、晚辈及亲戚有多少……只要主家报出的数目准确，奶奶当即就能算出该去买多少白布。”

“白布买来，奶奶带着你母亲，往主家的炕上一坐，一把剪子，咔嚓咔嚓把大大小小的孝服、孝帽子全裁出来，你母亲和主家的妇女在后面缝。最后白布用完，该有孝服和孝帽子的正好一个不少，而且穿在身上大小合适。这脑子、这本事，称得上神剪子。农村治丧对戴什么孝非常重视，代表着跟死者的关系和能得到多少遗物，有句俗话叫‘抢孝帽子’。该戴孝的若没有他的份，他就会挑事闹丧。白布买多了浪费，买少了惹麻烦。你可以想象奶奶有多厉害了罢。”

说到此，我高声叫道：“娘，不孝的老儿子子龙，回家来看您了，您就喝了这一杯吧！”

我随即也将杯中酒一饮而尽，将另外两杯酒，洒在父母坟前。

侄子说，他也要敬奶奶一杯。他开车不能喝酒，只在奶奶的杯里倒满酒，洒到坟前。随后转头问我：“奶奶为什么走得那么早？”

“悲痛、生气、劳累过度。闹鬼子时天天逃反，家里丢了许多东西，包括你爷爷最喜爱的大青骡子。在一次鬼子扫荡时，你太祖母抱着她的首饰匣子跳坑而死。匣子里有咱家的房契、地契和她老人家的一些心爱之物。紧跟着你太祖父又去世，连着两场大殡，重伤了家里的元气。然后分家，爷爷哥俩，二爷一家分走了一半房产和地。祸不单行，不久你二伯父意外早逝，如同摘了你爷爷奶奶的心肝。”

“1954 年秋汛前，奶奶带着两个儿媳妇，在场上用手镰把谷穗割下来。场上像小山一样堆着 200 捆谷子，每捆一抱都抱不过来。娘儿仨从上午直干到掌灯，把全部谷穗都割下来，男人们从地里回来，帮着将谷穗码好并遮盖严实。奶奶回到家，一头栽到炕上，就再也没有起来，几个月后就走了……”说到这里，我眼里充满泪，连着向父母敬酒，也灌了自己好几杯。

墓地一片静穆，说不上是云还是尘霾遮住了太阳，一阵阵清风吹过，身上冷飕飕的。在天津长大的侄子，从未听过爷爷奶奶的故事，过了一会儿见我情绪稍平复，说道：“您还没讲我爷爷呢。”

“你爷爷后半生极为凄苦。他本是书生，写一笔好字，因为是家族长子，不能外出闯荡，要留家继承祖业。但下地种田又算不上是好手，一辈子纠结不得志。爷爷相貌体面，身材挺拔，到晚年腰背仍旧笔管条直。一年四季除去农忙时节，都喜欢穿长衫，身上永远干干净净，一派与普通农民不同的儒雅气象。”

“奶奶主家的时候，爷爷从旁辅佐，每天凌晨天还很黑，就背着粪筐，拿着粪叉子出门了。把自家三个洼里的庄稼都查看一遍，路上顺便把牛马驴骡等大牲口拉在大道上的粪便铲到筐里。无论春夏秋冬天天如此，走这一大圈至少三小时。早饭前回到家里，先把拾到的满满一大筐粪倒在自家大门前的粪堆上。然后站在大门外，解下腰带，将自己通身上下好一顿抽打，把自己收拾干净了，才进门洗漱。吃饭的时候，爷爷会详细向奶奶介绍每块地里的庄稼情况……最后奶奶分派任务，哪块地的庄稼该收了，哪块地该施肥，哪块地该下种……”

我母亲一去世，我们家的天就塌了。丧事刚办完，我在炕上躺着，大哥跟我的老舅进来坐在炕沿上，他们可能认为我睡着了，大哥向老舅述说娘如何好，这个家不能没有娘，最后竟抱怨道："我宁愿死爹，也不能死娘！"

我听着这话味儿不对，腾一下从炕上站起来，瞪着他却不知该说什么。娘再好已经不在了，怎么可以往死里诅咒还活着的父亲！于是我跳下炕去找父亲。

天气很冷，我找了一圈儿，最后到麦场上，看见父亲孤零零一个人坐在碌碡上愣神儿。我气呼呼地把大哥的话向父亲重复了一遍，父亲听后却一声未吭……

父亲本来说话就少，自母亲去世后就更没有话了。我至今还后悔，当时不该把大哥的话告诉父亲。

大哥是家里种地的主力，母亲不在了，家里大事自然就由他说了算。他又听老婆的，实际上是大嫂在掌家。母亲去世后家里孤苦无依的就是两个人，一个是还没有成年的我，另一个就是父亲。其实我当年夏天就考到天津读书，受罪的只有我父亲了。

侄子不解："咱们是老家庭，规矩多，爷爷才应该是一家之主。"

母亲去世的时候，父亲刚50岁出头，正是盛年。大嫂要把她娘家的姑姑介绍给父亲，被父亲坚决拒绝。父亲担心再娶了大嫂的姑姑，这个家就成了大哥一家的了。自己的老家底还是有些东西的，老玩意儿、老家具，比如房檩、房柁等。家里的所有东西，他老人家认为都应该是属于三个儿子的，不能由老大独占。其实我和天津的三哥从来没想过还要从老家分东西。

事实上后来三年经济困难时期，就因为大哥变卖家里的老东西，他们一家大小六七口都活得滋润，没有一个浮肿的。有时被父亲发现阻止，大哥大吵大闹，有一次若不是邻居解劝，他竟然抡着板凳要打父亲。大哥如此，他的儿女们就有样学样，父亲饿得受不了，到麦场边上的老枣树下想捡几个枣吃，竟然被大哥的小儿子呵斥，说枣是给他妈妈吃的。

大哥的大儿子从外地回家过年，临走时大嫂给他蒸了一大兜子白面馒头、包子。父亲走了七里多地将大孙子送到姚官屯火车站，以为能换得一个馒头吃。结果大孙子坚决不给，还险些把他爷爷推倒，随后快步跑进站台……

这些是在父亲去世后，我读到他老人家的日记才知道的。可怜父亲曾经活得那么体面，后半生却受尽屈辱和倒悬之苦。

自父亲拒绝了大嫂的姑姑，以他老人家的条件，本村乃至外村的亲戚朋友都劝父亲续弦。但不等父亲表态，大哥就给回绝了。大哥的态度很明确，要娶就娶大嫂的姑姑，想娶别人没门儿。渐渐地，四邻亲朋都知道了大哥、大嫂的态度，也就没有人再给父亲提亲了。身为长辈，莫说当一家之主，连自己的婚姻都做不了主，父亲在家里的地位可想而知。

许多年后，父亲的丧事刚办完，从坟地里回到家，水还没喝一口，大哥便急不可待地请来村上管事的，还有家族中几个有声望的人，然后把我和三哥召集到一起，说是要分家。家里只剩下三处房子，做了三个阄儿，我觉得好笑，让两位哥哥先抓，剩下的是我的。结果剩下的是最好的一处房产——独门独院，正房、南房各三间。当场作价 400 元，大哥立刻就将钱交到我手上，我转手将 400 元给了三嫂，感谢三哥供我在天津读书。

分完家，家里就没有我的立锥之地了，三哥、三嫂投奔三嫂的娘家，我和妻子抱着刚出生两个多月的女儿立刻奔向火车站，买票回津。

“我此生最为悔恨的是，当父母最需要我的时候，我没有能力尽孝；当我有能力照顾老人了，父母都不在了。三年经济困难时期，你爷爷几次饿得全身浮肿，奄奄一息，被送到天津。你的父母孝顺，将爷爷调养几个月，浮肿消退，身上有了点力气，爷爷就一定要回老家。因为你们家也很难，你母亲没有工作，你姐姐还小，粮食定量低，就靠你父亲一个人并不多的工资。结果你大姐金香、一个非常可爱的女孩，就是在那个时候夭折的。”

“爷爷回乡没多久，又饿得半死不活，就再送到天津。因为他老人家常常领不到自己的口粮，当他到村委会领粮时，村上告知粮食定量被大儿子领走了，再想找大儿子一家要粮食，谈何容易？或者给一点，或者说‘被你孙子们吃了’。作为老人，他还能说什么？谁能想得到，一个正常的家庭，在饥饿面前竟变成了虎狼之窝。”

“当时我在部队上，对这些一无所知。如果不当兵，在工厂每月有40元的工资，而且工作是高温、有毒、特殊重体力劳动，每月45斤的粮食定量，把你爷爷接来，我们爷儿俩怎么也不至于饿得浮肿。我一步步身不由己，按照一个‘孝’字的要求，没有一步是走对的。”1955年若不去天津读书，在家务农，有我在，谅大哥一家也不敢苛待父亲，实在不行还可以分家，我跟老人一起过，终不至于连自己的粮食定量也吃不足。由于我自己不孝，没有尽到责任，不敢也没有资格对大哥一家在三年经济困难时期的表现说三道四。

说到此，我突然控制不住，趴到父母坟上放声大哭，双手插进坟土中……以往上坟陪的人多，我比较理性，尚能控制自己。今年只有一个侄子在旁，我大半生积压的无法跟人诉说的悔恨、自责、愤怒、无奈，以及诸多理不清楚的心绪，这一刻在父母坟前都发泄出来了。整个身体趴在父母坟上，恨不得抱住自己苍苍岁月的老根。

侄子在旁又拉又劝。过了好一会儿，我止住哭声，抬起身子继续双膝跪倒，带着哭腔跟父母告别："父亲、母亲，你们最小的儿子也老了，弱了，要到南方投奔我的儿女，以后恐怕不能再来看你们，或许这是最后一别……"

"旅泊多年岁，老去不得回"，眼泪又下来了，我忍住又想撞头大哭的冲动，继续哭诉，"你们知道儿子此生最大的遗恨是什么？就是死后不能躺在你们身边，认祖归宗。咱家的祖坟是在一片土质最好的田地里，村里自有蒋家那天起，这块地就是咱家的。不知村上掌权者是怎么想的，把蒋家的祖坟所在地偏要分给另外一家姓李的人，眼下我是趴在别人的土地上给你们磕头。我本来带来了铁锹，却不敢给你们的墓丘和二哥的坟培土，因为一挖土就损坏了人家的麦苗，我们死后怎敢再占用别人家的地？恐怕人家也不同意。三哥三嫂已经埋在了天津的一座公墓里。我生未能尽孝，死不能与父母团聚，真是人生误我，我误人生。更是愧对父母，无颜见列祖列宗！”

心系父母，才有故乡，生命才有根。今后我无根可系，命途漂泊，想到此更是拼命在坟前磕头，一边哭，一边用头猛烈地撞击坟前土块。可惜不是砖丘，当时我甚至想磕死在父母坟前，以死赎罪，以命祭报父母。

待我情绪稳定后，向父母敬了最后一杯酒，然后将瓶中剩下的酒全部洒在坟前。侄子问：“要不要把炸糕、油条收起来带走？”我说：“不用，就放在坟前。”

向父母的坟墓磕了最后一个头，走过各个祖先的墓丘，特别到二哥的坟前多站了一会儿，算是向他告别。然后由侄子扶着穿过麦地，回到道边的汽车上。

我望着车窗外，墓地和故乡很快就被甩在后面看不到了。以后恐怕也很难再回到故乡来了。“故园非无路，今已不念归。”“东西与南北，欲往还觉非。”

或许，所谓命运本就是一种流动，每个人都不可能在他该在的地方，人人都在别处。连早已谢世的祖先们，今天不也是躺在别人家的土地上吗？

但是，老乡、老乡，人老为乡。人老了就是自己的故乡，成为儿女的根。

清　明

郭文斌

昨　天

东走走西走走，东瞅瞅西瞅瞅，总是拿不定主意买谁家的纸。六月有些着急，说，随便买上些算了。五月回头看了六月一眼，说，“祖宗虽远，祭祀不可不诚”。五月的“不可不诚”还没有出口，六月抢先说，“子孙虽愚，经书不可不读”。把旁边一个卖纸的给惹笑了，说，这么好听的句子，谁教你的？六月说，没人教，自己会的。哈，好一个自己会的，再背两句听听。

居身务期质朴，教子要有义方；勿贪意外之财，勿饮过量之酒。

与肩挑贸易，勿占便宜；见贫苦亲邻，须加温恤。

刻薄成家，理无久享；伦常乖舛，立见消亡。

兄弟叔侄，须分多润寡；长幼内外，宜法肃辞严。

听妇言，乖骨肉，岂是丈夫？重资财，薄父母，不成人子。

嫁女择佳婿，勿索重聘；娶媳求淑女，勿计厚奁……

厚奁……厚奁……六月接不上来了。五月补台：

见富贵而生谄容者，最可耻；遇贫穷而作骄态者，贱莫甚。

居家戒争讼，讼则终凶；处世戒多言，言多必失。

勿恃势力而凌逼孤寡，勿贪口腹而恣杀生禽。

乖僻自是，悔误必多；颓惰自甘，家道难成。

狎昵恶少，久必受其累；屈志老成，急则可相依。

轻听发言，安知非人之谮诉？当忍耐三思；因事相争，焉知非我之不是？须平心暗想。

施惠勿念，受恩莫忘……

五月背到这里，好多人围了上来，看戏的一样。五月有些紧张了，鼻梁上渗出汗来。六月见状，捏了五月的手，放大了音量：

凡事当留余地，得意不宜再往。

人有喜庆，不可生妒忌心；人有祸患，不可生喜幸心。

善欲人见，不是真善；恶恐人知，便是大恶。

见色而起淫心，报在妻女；匿怨而用暗箭，祸延子孙。

家门和顺，虽饔飧不继，亦有余欢；国课早完，即囊橐无余，自得至乐。

读书志在圣贤，非徒科第；为官心存君国，岂计身家？

守分安命，顺时听天；为人若此，庶乎近焉。

接下来，姐弟二人就不知该干什么了。六月看五月，五月的脸蛋红扑扑的，像熟透的柿子一样。五月看六月，六月的脸蛋也红扑扑的，也像熟透的柿子一样。

这是谁家的一对娃？一个女人问。六月看了看五月，五月示意不要回答。六月却说，她是我姐，叫五月。

你呢？你叫啥名字？

六月。六月铿锵作答。

一定是乔家上庄大先生家的。一个女人说。

当这女人说到“大先生”三个字时，六月的心里忽闪了一下，就像捉迷藏被人找见似的，但这种“找见”却是一种渴望，一种对光荣的渴望。

下次跟集时还来吗？

六月不知如何回答，看着五月。五月说不知道。

再来好吗？还到我们这个摊儿，我把我儿子带上，你背一下给他听，让他见识一下你们的学问，可以吗？

六月说，那要看我爹让不让来。

女人说，你爹一定让来呢。说着，转身唰唰唰地卷了一卷纸给六月，这卷纸送给你。

六月说，不要钱？

女人说，不要钱。

六月就接过了。

五月说，不行，爹说白拿人家的东西就是偷。

六月说，爹还说如果是人家允许的就不是偷。

五月想了想，也对，就默许了。

我赞助一把蜡烛。

谢谢大娘。

不用谢，下次我也把我儿子带上，让他长长见识。

你们这不是逼人舍散嘛，看来我也得赞助一把香。口气不好听，表情却十分亲热。

谢谢叔叔！

还有两双手在往五月六月的口袋里装糖果，一边装一边说，人家祖先肯定烧过长香的。

二人抱着满满当当的两包东西，乐颠颠地回家。五月和六月没有想到，一出《朱子家训》会换来这么多东西。六月想，回去一定要再背几出，爹让他背《弟子规》，他嫌太长了，看来得下决心背下来。

总不能一直背《朱子家训》吧。六月说。六月把五月想说的一句话给说出来了。六月说，咱们回去就背《弟子规》吧。五月说，《弟子规》太长了。六月说，总没《目连救母》长吧。五月想想也是，《目连救母》那么长的剧本，他们都背下来了。咱们今天应该给他们唱几段，五月说。六月说，就是啊，咋就没记起来呢，如果唱几段《目连救母》，说不定他们还有更多的奖赏呢。五月说，下集吧，下集咱们给他们唱几段——

你说，下集爹还让我们来吗？六月说，肯定让来，一次挣这么多东西，爹为啥不让来？五月说，你刚才说错了，得意不可再往，爹肯定又是这句话。六月说，可爹还说，几百年人家无非积善，第一等好事只是读书呢。五月说，是读书，又不是背书。六月说，背书也是读书。五月说，不过没关系，就算爹不让我们下次到集上来，五月五马上就到，五月五爹总要让我们来买香料吧，买花绳儿吧。六月说，谁能等到五月五，把人牙都等长了。五月说，看把你急的。六月说，如果一月有一个节就好了。五月说，那你给咱们创造个节啊。六月说，好吧，你说四月该设个啥节呢？五月说，你说呢？六月说，就设个“听背”节吧。五月不懂，“听背”节，啥叫“听背”节？六月说，听咱们背经啊。哈，哈哈，五月把全部的目光变成佩服，送给六月。这真是个好节日，一集的人都听咱们背经，那该多过瘾。六月说，就像正月唱大戏一样，就像七月十五唱皮影一样，一戏场的人都听咱们背经。可是，那该背多少经才能够啊？五月有些负担了。六月说，没关系啊，我们可以教改弟、改改、地地、白云一起背啊，就像唱大戏，一人一出轮流上。

五月就把目光开成一束花，送给六月。

六月的胳膊抱酸了，要把包背到背上。五月说，不行，祭祖宗的东西，咋能吊到屁眼上呢？说着，接过六月的包，自己抱了。六月说，爹说书中自有黄金屋，看来是真的。五月说，书中还有颜如玉呢。你说，为啥第一等好事只是读书？五月说，因为书中自有黄金屋啊，书中自有颜如玉啊。六月又问，那你说，几百年人家为啥无非积善？

把五月给问住了。五月想了想说，大概是为了“庶乎近焉”吧。六月问，啥叫“庶乎近焉”？五月说，大概就是像神仙一样吧。

上到山顶，二人坐下来歇息。六月望着远方说，你说，姐夫是不是佳婿？五月问，你啥意思？六月说，爹说，三月姐出嫁时，他啥礼都没要，那姐夫一定是佳婿了。五月就笑了。六月说，你出嫁时，是要“重聘”

呢，还是要“佳婿”呢？五月就在六月的额头上点了一下，说，那你是要“淑女”呢，还是“厚奁”呢？六月说，我两个都要。惹得五月笑翻了天。

突然，六月说，我们今天只顾接着“子孙虽愚，经书不可不读”背了，把前面半截给忘了，语气里透着遗憾。五月说，是啊。六月说，下次一定要补给人家。五月说，是啊，爹说省下不该省的劲，也是偷。六月说，爹还说，该做的事不做，也是偷。五月说，对，做该做的，拿该拿的，就是吉祥——爹是咋讲如意来着？六月说，爹说，只有吉祥才能如意。五月说，爹好像还有个说法。六月说，好像是……就像天意，只有合乎天意，才能如意。五月说，对对对，就是这么说的。六月说，但天意人咋能知道呢？五月说，爹说经上说的，都合乎天意。六月说，那《朱子家训》是天意？五月说，当然啊，按爹的说法当然啊。

黎明即起，洒扫庭除，要内外整洁；既昏便息，关锁门户，必亲自检点。

一粥一饭，当思来之不易；半丝半缕，恒念物力维艰。

宜未雨而绸缪，勿临渴而掘井；自奉必须俭约，宴客切勿流连。

器具质而洁，瓦缶胜金玉；饮食约而精，园蔬胜珍馐。

勿营华屋，勿谋良田。

三姑六婆，实淫盗之媒；婢美妾娇，非闺房之福。

奴仆勿用俊美，妻妾切忌艳妆……

二人情不自禁地又把全文背了一遍，和以前的感觉大不一样了。

因为它是天意。

今　天

一早起来，爹就让五月裁纸。五月跪在地桌旁的椅子上，就着地桌把纸折成一寸宽的绺儿，拿刃子裁。那刃子就从六月的心上噌噌噌地走过。这么好的白纸，眼看着变成纸条了，如果订成本子，该写多少字呢？六月说了自己的想法，五月想想也对，但又觉得没有理由不裁。就说，也许爷爷也需要本子写字呢。六月说，爷爷用这么窄的本子写字？五月又说，也许爷爷要它卷旱烟呢。六月觉得这个说法有道理，爹常把他们写过的本子裁成这么窄的纸条卷烟抽呢。每当爹点着用他们的本子裁成的纸条卷的旱烟棒时，他就觉得爹把许多知识抽到肚里去了。

那是爹第一次打他。

他撕了五月的一页废本子擦屁股，被爹看见，爹的巴掌就过来了。

爹打完他，才说，我没有告诉过你敬惜字纸吗？

告诉过。

告诉过为啥还要拿有字的纸擦屁眼？

那你为啥拿字纸卷烟？

卷烟和擦屁眼一样吗？

当然一样。

他的屁股上就麻辣了一下。

是不是上面的就是干净的，下面的就是脏的？六月问。五月说，你啥意思？六月说，爹不让我拿字纸擦屁眼，他却拿字纸卷烟。

五月放下刃子，使劲看着六月，觉得六月提出了一个十分重大的问题。是啊，为啥人们把下半身上的东西都看成脏的，把上半身看成净的？你说呢？六月说，我发现凡是进去的地方都是净的，出来的地方是脏的。五月想想，觉得有道理。人的下半身大多是出的，上半身多半是进的。可是鼻子里流出的鼻涕不也是脏的吗？六月说，那也没有屎脏。五月觉得对，又不完全对。六月说，那你说，把人埋进土里，是进去呢，还是出来呢？五月睁大眼睛，说，你咋想到这么怪的一个问题？六月说，我们一会儿不是要上坟吗？要给爷爷奶奶挂纸吗？你说，那坟是进去的地方还是出来的地方？五月说，当然是进去的啊。六月说，那过年时我们去请他们回来过年，不是又是出来吗？五月的脑筋就转不过来了，说，大概既是进去的，又是出来的吧。六月没有想到姐姐会这么回答他，但又觉得这个回答很美。

突然，五月说，赶快忏悔。六月问，为啥要忏悔？五月说，爹说准备供品时，不能胡思乱想的。六月觉得五月说得对，他们不但胡思乱想，还想到脏，快快忏悔。

忏悔就是洗心对不对？六月问。五月直起身来，看着六月。六月说，爹说手拿了脏东西要洗手，眼睛看了脏东西要洗眼，那心想了脏东西也要洗心吗？五月说，对啊，很对啊，赶快把你的心掏出来洗啊。六月就打了一个战栗。如果把心掏出来，人不就死了吗？人死了，不就又要让没死的人给他过清明吗？一想到自己将要享受清明，六月又觉得死了挺好的。如果没有死，就没有清明。如果没有清明，这个三月该多没有意思啊。清明时节雨纷纷，路上行人欲断魂。原来是为了清明时节雨纷纷，路上行人才欲断魂呢。

雨就下起来了。不过不是大雨，是毛毛雨，像五月和六月的心情。

爹从门里进来，让六月把炕桌放到炕上。六月看见，爹的手里是一个花瓷碟子。六月就把炕桌抱到炕上。爹把碟子放在炕桌上，从地柜顶上取下小木箱来，打开，拿出一包颜色，倒在碟子里。碟子里的水就哗的一下红了。爹用一个竹签搅了一会儿，等颜色化匀了，就把一团新棉花放在里面。不一会儿，颜色就被棉花吃掉了。爹又从小木箱里拿出印版，交给六月。

六月就端坐了身子，开始印纸钱。

印纸钱是一件难活，要把颜色蘸得刚刚好，要不印出来的纸钱不是一塌糊涂，就是缺东少西。尽管六月努力把握，但开始几张还是印不到火候上。爹也不责怪，仍然让他印。印了几张纸，就好看了，而且越来越好看。六月喜欢印版不轻不重落在纸上的感觉，喜欢提起印版时，纸上出现的恰到好处的图案。

六月的心里被一次次成功的喜悦充满，那是一种水红色的喜悦，一种清明一样的喜悦。

水红颜色印在白纸上，让人觉得那纸钱不是纸钱，而是一张张年画。也许对于爷爷来说，纸钱就是年画呢。

忽然，六月的脑门亮了一下。

姐，你说清明是啥颜色？

清明啥颜色？清明就是清明，还啥颜色。

我觉得就是水红色。

五月停下手里的刃子，看了看炕桌上的纸钱，又看看窗外雨蒙蒙的天，觉得六月说得有道理。

六月的另一个问题来了，你说为啥今天是清明？

五月说，又忘了，印纸时是要专心的。

六月就发现自己果然把一张十元票子印歪了，“冥府通用”四个字都有些不通了。

六月第一次觉得思想是不安全的。

爷爷的坟在麦地里。麦苗绿油油的，像个绿被面一样苫在地上。毛毛雨把地皮刚刚打湿，不沾脚，也不起土，正是清明的样子。六月看着五月错着脚在麦行里行走，身子一扭一扭的，花格夹袄一扭一扭的，心里一阵感动。他也错着脚在麦行里走，但有时难免不小心把麦苗给踩着。

昆虫草木，犹不可伤。

宜悯人之凶，乐人之善；济人之急，救人之危。

见人之得，如己之得；见人之失，如己之失。

不彰人短，不炫己长；遏恶扬善，推多取少。

受辱不怨，受宠若惊；施恩不求报，与人不追悔。

……

姐，我们下次可以给他们背《太上感应篇》啊。五月说，你能背下来吗？六月说，差不多了。五月说，好啊，你背会，我跟着你背就行了。六月说，你背会我跟着你背。爹问，给谁背啊？六月看五月，五月停下脚步，回头看了六月一眼。六月就说，给我爷爷背。爹说，好啊，那你爷爷一定会奖励你的。我爷爷奖励我，他咋奖励我？爹说，他会让你考一个状元。六月问，状元能干啥？五月说，状元能招驸马呢。爹笑着说，就是，状元能招驸马呢。驸马能干啥？能娶皇帝的女儿当媳妇呢，五月抢先说。六月说，那皇帝家的女儿是淑女吗？五月说，当然啦。爹就嘿的一声笑了，六月又觉得爹刚才的一声笑就像是清明。

三人继续错着脚步在麦行里前进。

草木为啥不能踩？六月问。

因为草木也是命。

啥叫命呢？

活着的都是命。

麦子活着吗？

当然活着啊。

那它咋不说话？

它说呢，只是你听不见。

六月就听见了。六月听见麦子真在说话呢，六月看见满山遍野的麦子在说话呢，麦子在说什么呢？

坟院到了。荒草都老得不像个样子了。六月又觉得，这老得不像样子的荒草就是清明。

爹把纸条分成四份，盘里留了一份，他们三人各一份，开始往坟院内的草上挂纸。一绺绺纸条挂在枯草上，一下子活了起来，风一吹，就像戏台上的戏子在舞袖。那么戏子呢？是爷爷吗？但这些纸条分明又是他、五月和爹挂上去的。六月第一次觉得风的不可捉摸，纸条的不可捉摸。

姐，你看这挂纸像不像是戏子在舞袖？

六月一直搞不明白那袖子是怎么舞起来的，至少一丈长的袖子，都要擦着台沿下他的脸了。问五月。五月说，因为她是嫦娥。六月说，嫦娥是淑女吗？五月说，嫦娥当然是淑女，怎么，想娶嫦娥做媳妇？六月说，我娶了嫦娥做媳妇，还不把你给伤心死。五月说，我才不伤心呢，如果你真能够娶了嫦娥做媳妇，我还能沾你的光到月亮上浪亲戚呢。六月说，那没问题，到时你带上爹和娘，我让吴刚给你们一人一瓶桂花酒。五月说，我不要酒，我要长生不老药。六月说，你想长生不老？五月说，当然啊，谁不想长生不老？六月说，如果我早娶了嫦娥，就可以让爷爷不死，让奶奶不死。五月说，可这戏台上的嫦娥又不是真嫦娥，爹说，要做真嫦娥，得做无数无数的好事才能行呢。

讨厌！不想六月突然变脸了。

五月吃惊地问，咋了？

六月说，谁让你提醒她不是真嫦娥？

五月停下来看了看说，我觉得不像。

那你说像啥？

我觉得像是想念。

六月没有想到五月说了这么有水平的一句话，把在风里飘舞的挂纸说成是想念，这就是爹说的诗吧？

咋这么看着姐？姐的脸上又没有戏。

六月突然换了十分老成的口气说，你想爷爷了？

你不想吗？

六月想了想，觉得既想又不想，但终归还是想。

经六月这么一说，五月也觉得飘在风里的纸条是活着的，它有头，有身子，有胳膊，有腿。五月似乎明白了为啥叫“挂纸”，它是不是和“牵挂”有关?

这时嫦娥的袖子又过来了，真真切切地在六月脸上拂了一下。五月还发现，在六月脸上拂了一下的，还有嫦娥的眼神，准确些说，不是拂，是挖。大概嫦娥真是看上他们家六月了。

之后，每当遇到六月出神，五月就说，是不是想人家嫦娥了？六月就打她。

现在，她似乎能够明白一点嫦娥舞袖中的意思了。

五月能够看见，嫦娥的舞袖中有一个清明。

六月看五月愣神，提醒说，祖宗虽远，祭祀不可不诚。五月忙把心思收回来，专心地挂纸。但她分明觉得，祖宗并不远，就在她身边呢，就像拂过脸颊的风，就像这手里的纸条，就像……

六月把最后一绺纸用一个土块压在爷爷的坟头，直腰一看，坟院已经白了，六月的心被一种活着的“白”强烈地震撼了一下。

有风，爹用右手把上衣下摆张开，挡了风，左手捏了三张黄表。六月十分默契地擦着火柴。爹先把一张黄表点燃，然后点大堆的纸钱，等大火旺了时，把香点着，插在土里，然后夹了碟子里的献饭，往四周扔。六月的小身子就打了一个战栗，眼前出现了一张张模糊的嘴，一种让人不能明确形状的嘴，在享用爹的泼散。

六月太喜欢这个场面了：

一张张白色的纸钱在火里消失，就像那火是纸钱的家，它们一个个跑回去了。六月也喜欢看炉膛里的火，但那火过于从容，掌柜的一样，慢条斯理，不像纸钱这样匆忙，不假思索地赶路。

六月还喜欢和爹和五月跪在坟院里的这种感觉，跪在风里的感觉。

当火光变成灰烬时，爹右手拿起酒壶，左手托了右手，向坟地里奠酒，酒水落在土上，散发出一种清明的味道。六月学了爹的样子，端起茶壶，向地上奠茶，微温的茶水落在黄土上，同样散发出一种清明的味道。六月没有想到，奠茶的过程是如此的过瘾。

爹说，磕头吧。三人就伏在地上磕头。

爹磕了三个，起来作揖。五月也磕了三个，起来作揖。

六月多磕了两个，起来作揖。把爹给惹笑了，你小子干啥都是个贪。

六月笑笑。心想多磕两个头总不是坏事。

五月的目光却在三炷香上。

五月觉得，它们就像一个暗号。

修补完坟院，爹点了支烟蹲在地埂上抽，二人也挨了爹的身子蹲下来，有种难言的幸福涌上心头。

过了会儿，爹让他们看看村子，看有什么发现。五月和六月就看。五月说，四面山坡上一片一片地开出白花。六月说，这个村子其实是两个村子。爹问，为啥是两个村子？六月说，一个是清明里面的，一个是清明外面的。爹有些吃惊地看了六月一眼，说，清明还有里外？六月咬着嘴唇，有些吃力地说，他刚才说的其实不是心里感到的，反正是两个世界。爹沉吟了一下，说，有道理，有道理。说着，起身端了盘子，却并不回家，而是朝相反的方向走去。

五月和六月一下子明白了。就后悔把一道极简单的题没有答出来。爹的盘子里明明还留着挂纸和供品，他们怎么就给疏忽了呢？

再看那两个没有挂纸的坟院，显得那么可怜，就像两个孤儿。

爹把那个脏小子带到家里来时，娘正好把饭做熟。五月和六月就有些不高兴。不想爹一边给脏小子洗脸，一边让他们先吃，说他已经吃过了，他的那份留给那个孩子。

爹的那份就一直留给那个孩子，直到后来县上成立孤儿院。爹说，他的父母都不在了，父母都不在的孩子叫孤儿。后来学了《太上感应篇》，他们才明白爹这是在“矜孤恤寡，敬老怀幼”，就从心底里对爹生出无比的敬意。

假如县上不成立孤儿院呢？爹会一直让他在咱们家长大吗？六月问。五月说，你说呢？六月说，假如他一直在咱们家长大，还得爹给他找淑女，还得再打一处院，最后死了，还要埋在咱们家坟里吗？五月说，这你得去问爹，我听娘说，爷爷年轻时就收养过两个孤儿，不过后来都害天花死了，那时，爹还没有出生呢。

六月就看见，有两个孤儿，在长长的清明里，向他们走来。

给乱人坟挂纸时，五月有些害怕，一步也不敢离开爹和六月。六月装出一副胆大的样子，其实心里也在打鼓。

爹看出了他们的胆怯，说，知道啥叫清明吗？二人说不知道。爹说，不浊为清，不迷为明，一个人只要在清明中，就没有什么可怕的。

六月不懂，悄悄地问五月，你在清明中吗？五月说，当然在啊，今天谁还不在清明中啊？

六月再次把目光投到自家的坟院，觉得爹把他心中的那个清明给篡改了。但六月很快就放弃了追究这个问题，因为另一个问题出现在他的脑海中。

姐，你看咱们坟院里的那些纸条，像不像山的胡子？

五月盯着自家的坟院看了一会儿，说，你是说，山是一个人？六月说，是啊。五月的眼睛就眯成一条缝，对着山又瞅了半天，说，还真是一个人呢，不过是躺着的一个人。

六月又说，可是这山老人家，为啥只有到了清明才长胡子呢？

五月说，清明时节雨纷纷嘛。

雨就下了起来。

五月和六月的心里疼了一下，可惜了那些挂纸，全被雨打湿了。

雨落清明日

胡学文

1

我被拉着木柴的双轱辘车挡住了路，就在我家屋后的街上。对方不是故意的，我东行，他西去，算是迎头相遇。其实街挺宽的，三套马车都可以通过，问题出在轱辘车拉的东西上。木柴特别长，快抵住两侧的墙了。堆砌得也高，所以，我看不到对方是什么人。我招呼了一声，没有回应，车继续前行。这样，我只能往后退。

彼时，我惊奇地发现，车上的棍棒堆得这样高，竟然没有捆绳。退至宽阔地带，我闪在一旁，看清推车的是我家高姓邻居。高姓邻居像平时那样笑嘻嘻的，我正欲和他搭话，突然看见母亲和弟弟。母亲和弟弟立在数米之外的地方，手里各握着镰刀，正说着什么，似商议割哪块地。我无法形容彼时的惊喜，整个人都要飘起来了。固然有撞见的意外，但更重要的缘由是，准备下地的母亲红光满面，身体康健。自母亲患病，我心上便像压了重物。我不知道母亲已然恢复了，不知道她为何痊愈了而不告诉我。我顾不得这些，喊了一声，正欲飞奔，忽又意识到两手空空，竟然没带半块糕点，忙返身去买。走了两步，欲嘱咐母亲等我，回头，街已空空。我随即坠入黑暗。

这是我的一个梦，喜悦而忧伤的梦，彼时，母亲已离去数月。

另一个梦也与弟弟有关，在一个空荡的房间里，弟弟穿着黄色棉大衣。屋中央的铁炉在燃，炉火很旺，有呼呼的声响，炉旁堆着煤块，很大一堆。我问："冷吗？”弟弟说：“不冷。”只有这两句，还欲问别的，但突然就醒了。

梦或长或短，难如人意。

在我的梦里，母亲一向是主角。我十八岁考入师范，开始了人生的远行。当然，常常回去，回那个植有一杨一榆的院子，回那三间摆满红柜的土屋。那是父母的家，也是我的家。20 世纪 90 年代中期，父母相继到城里谋生，那三间贴了红砖的房便封窗闭门，我很少再回去。差不多二十年后，父母从城里返回，在县城定居。县城条件好一点，也方便弟弟的儿子上学。父亲负责接送，他还给三轮车做了轿样的篷。村里的房子还在，父母打算年迈了回村住，所以每年要回去几趟，修缮房屋，整理院落，我也回，也就几趟。从出生到现在，我在村庄住的时间加起来也就二十余年，大半时光是住在城里的。但奇异的是，关涉母亲的梦都与村庄有关。再进一步说，村庄不仅是我出生成长的地方，还是我和母亲在梦里相遇的地方。如果论说意义，这其实也是部分，村庄对我的重要性还不止于此，还有写作呢。

村庄并没有多么特别，只是塞北高原上一个普通村落，村西南有一口三百平方米的井，村名由此而来。更早一些，村名叫塔拉忽洞，在蒙古语里意为井。井西南，地势高隆，村里人都谓之西圪梁。梁上多有碎瓦残砖、铜钱铁片，还挖出过巨大的陶瓷缸，该是辽或金的定居点所在。当然，这些并不能证明村庄有过怎样的辉煌，只能说，有人在这里生存过。事实上，整个坝上都是贫瘠苦寒之地。至少，我少时如此。所以，自小父母就向我灌输，离开村庄才有出息。反过来讲，要想有出息，必须离开村庄。那是所有父母的期盼，也是儿女们的共同心愿。

我算是幸运的，考上了师范，当然，我没什么出息，也就是跳出了农家而已。如果写作也算出息的话，那么一定程度上是村庄赐予我的。算来，我已写了差不多一千万字的作品，其中多半与乡土有关。故事生发地，我常常放到自己生活的村庄。如鱼在水，如鸟在林，自由自在。虽是虚构，但个人感觉鲜活，春风秋雨，日出日落，任是怎样的场景都历历在目。有些场景，我是实用的。比如长篇小说《龙凤歌》中写的水个洞，就在我家旁边。不是洞，就是个大水坑。如此称呼，是方言。这就涉及吾村的习俗及文化礼仪了。太过烦冗，不展开了。春夏秋冬，风雨雷电，花鸟草虫，鸡狗牛羊，凡此种种，下笔时，都带着村庄特有的形状、样貌及味道。

所以，我感激那个遥远的坝上村庄。

新世纪十余年后，我的村庄搬迁到了交通便利的镇上，仍是先前的村名。父亲也要了一处院子两间房。我的梦与这个村庄没啥关系，与母亲相见相遇仍在过去的街道，而我家屋前一榆一杨仍然繁茂。

村庄不存，但每年我都要回去，是梦境之外的归乡，至少两趟，一在清明日，一在中元节。

2

村庄的地图镌刻于大脑皮层，即便垂老之时，我相信仍将清晰如昨，因为那是身体的一部分。街道走向，房屋布局，水井位置，场院所在自不必说，谁家的烟囱高谁家的屋檐矮，甚至谁家房檐下燕子筑巢的数目，我都记得。燕筑有德之家，曾经一个夏日，我与同伴挨户数过。至于谁家的女人隔墙吵架，哪家的男人在街角吹牛，杂七杂八的故事，虽不能尽述，但也能扯出几箩筐来。

村庄是敞开的，各个方向都有出村的路。大口井在边上，往西可至内蒙古一村庄，往南经过田野树林及另一个自然村，可达公路。在这两条可以定义为村庄大路的中间，还有一条羊肠小径，算是乡村大路的分支，是一条普通的路，但又很特别。从内心讲，我不怎么喜欢走这条路，所以极少走。有限的几次，多半与人同行。此路通向西圪梁，是村庄“宝藏”之地，要捡拾铜钱瓦片之类的东西，只能到这儿。再往南行，至最高处，便是祖坟所在。我第一次走这条路，是祖父魂归大地时。

祖父去世，我年纪尚幼，葬礼极为简单，没有任何仪式。可能与祖父的身份有关吧。伯父在外县，由于某些原因，他未能回来奔丧。我作为在村庄的长孙，参与并见证了安葬祖父的全过程。前往西圪梁的路上，也就几个人。没有棺材，无须抬棺。都不说话，默默地走。我扛着幡，走在最前面，如果不是脚步声和咳嗽声做伴，我恐怕迈不开步。这就是我彼时的感受，悲伤是有的，但更多的是恐惧。而我又不能也不敢露出来，竭力装得像个大人。

次年夏日，伯父回村，由我带着他前往墓地。伯父没问我安葬的事，这让我大大松了口气。祭祀完毕，伯父商量似的跟我说："坐一会儿吧。"我很诧异，不明白肃穆荒凉的所在，有什么可坐的。我不敢问，伯父说坐，那就坐吧。但我没坐，立在旁边等着，也想听伯父说点什么。但伯父什么也没说，哑坐着，看树，看草，看游走的白云。我也就跟着看。起初我仍有点紧张，随伯父看了一会儿，渐渐平静，甚至感觉到有趣。我注意到旁侧的喇叭花上游窜的蚂蚁和翻飞的大头蜂，它们似乎在争夺花朵的拥有权。坐了多久，我说不上，伯父应该坐够了，他站起来，仍商量似的说："咱们回吧。"

我就随他回。

多年后，我终于体味到伯父的心境，明白他何以要坐。而我也安安静静地坐过，独自。

少年时代的我，心里终究是有阴影的，所以不乐意走那条羊肠路。即使在大井口附近玩耍，我还是能想到什么。不是死亡、魂魄之类，我说不清楚，就是控制不住地去想。

在那两次之外，中间数年，我没去过先祖墓地。清明日，都是父亲和各位叔叔前往祭扫，我这一辈只在春节叩拜——先祖们被“请”回家，方便得很。

《红楼梦》里奠祖一节写得颇为详尽，谁站哪里，怎么站，供品如何移接，等等。寻常百姓没有这般烦冗的礼仪，但也没忽略。叔叔们于除夕“请”回先祖，初五晚上送走，这几天先祖们都“住”在四爷爷家，没有画像，只有写着先祖名字的供牌，牌前置有香烛和供品。不举行仪式，谁来谁拜。初一早上，我给四爷爷拜年，要先拜了先祖，再拜四爷爷。

但时代不同，风移俗易。四爷爷去世后，春节祭祀变得简单了，不再请回，不再供牌，而清明仍如前祭扫。可能因为春节的删繁就简，清明格外重要了。

3

再次走西圪梁上那条路是祖母仙逝后。

祖母高寿，以村庄上的说法，是喜丧，祖母育有四子五女，晚辈也多，不论远近，均冒严寒归来。排场当然谈不上，但相比祖父的寂寞冷清，祖母的葬礼可以说是风光的。其实就是物资不再匮乏，祖母沾了时代的光。

入葬日的前夜，落了场大雪。视野所至，满是银白。村里还有“天泪说”，即夏日落雨，冬日飘雪。上苍悲悯，因逝者生前积德，而其福其德将荫泽后代子孙。我的一个姑姑有些激动地对我说：“你们都要发达的，准备好装钱的袋子吧。”在乡村生活的人都知道雨雪的重要。把自然的赐予和人的品性联系起来，就是最好的证明。

因为对雨雪的情感，也因为村里流行的说法，虽然行走艰难，但没有谁抱怨。积来之福，越厚越好。我不再有少年时代的恐惧，自然是因为已成年，抑或，也有皑皑白雪的功劳吧。厚厚的积雪让我有难以言说的踏实感，让我对现世和来世的关系生出了模糊复杂的想象。

我在城里生活的时间多于乡村，但我没觉得自己是城里人，不过是住在城里而已。当然，这不值得夸耀，这么说，还会招致讥讽。但我也不在意他人怎么讲。心之所属，情之所向，非外力可扭转。别的不讲，就对雨雪的期盼而言，我是彻彻底底的乡民。我不耕种，但揣有耕作的记忆，雨润大地，雪漫原野，感觉特别亲近。天泪说，少年时代就听说过，但彼时没有什么感觉，或者说，毫不在意。自祖母入土，我开始在意或思考，雨雪有了超越自然的意义。

母亲西去，也是落了雪的，不是很厚，但树枝都白了。老实说，我暗暗祈祷过，我甚至想，母亲应该听得见我的心语。果然听见了。我于伤悲中有一丝窃喜，或许有些可笑，但那是我的真实心境。三日后，落了一场更大的雪。墓地除了鸟影，全是白的。

再祈，就是清明了，不只我，别人同样，比如五叔。

那时母亲尚健在。母亲和父亲及其他叔婶们在城里谋生，清明祭扫便由留在村里的族人代劳。五叔是其中一个。他家境稍好，不用外出。我住在张家口，相比父亲，距老家近，在祖母离去的次年，我回县，与五叔同往祭扫。那个清明风极大，站立都有些难，五叔四顾，远远近近的身影，然后说，要是下场雨就好了。天空中大团的云朵彼此撞击，忽来忽去。别说五叔这样有乡村经验的人，就是我这种半生的瓜也能预判，这样的天象是不可能下雨的。但五叔的话我并不意外。此后的清明，每与五叔同去，五叔几乎都会说同样的话。

要是下场雨就好了。

清明是二十四节气之一，又是纪念祖先的节日。气清景明，万物复苏，草木开始萌动。节气于物于人，都重要。落雨也是大地的渴盼。

“清明时节雨纷纷，路上行人欲断魂。”杜牧这两句诗为清明这个节气定了调，清明就该落雨。五叔识字不多，当然不知古诗。但他知雨盼雨，我想，这心愿既有自然感应，亦是个人潜意识，又有实地祭祀的需求。

终于盼到了。某年清明，确实下雨了。我也好，五叔也罢，盼雨而得，自然欢喜。塞北的四月，气温还低，白日是雨，夜晚便成了雪粒。可谓雨雪同至。其实细想，每个清明都在落雨，那是思念之雨，是文化之雨。

如此，我的一趟趟清明之行，便是沐雨而归了。

在清明节里祭奠与放生

关仁山

我们民族有很多个节日，节日是属于大家的，也是属于我们个体的。

节日是外在的，也是隐秘的，记得爷爷在世的时候，不厌其烦地给我讲述这些重要的节日。比如春节、元宵节、清明节、端午节、重阳节和中秋节等。因为孤独，我筛选着关于节日的记忆。爷爷知道每个节日的由来和特色。古人云：“入国而问俗。”风俗是传统的习俗。节日与我们日常生活有着紧密的联系，还有着许多关于它们的美丽动人的传说。几乎每一个节日都有一个起源的故事，并因节日的盛行而广为流传。节日就是我们的文化。今天我要说的是清明节。清明节是祭奠祖先的节日。清明节里往往会下雨，也许是这样的氛围才有缅怀、悼念和敬仰的味道。潜意识里，就像梦境或心理暗示，可以重构隐秘的时间，让我们在追思中与故去的亲人相逢。

我怀疑自己的记忆力，甜蜜的事忘记得差不多了，那些苦涩、伤怀的记忆永远留存。记得小时候，每到清明节，爷爷、奶奶、父亲和母亲都带着我到祖坟上祭奠。这是我们家的规矩。清明时节，春暖花开。有时雨纷纷，有时青天白日。天不放亮，母亲就把我叫起来说："今天是清明节，去给咱的老祖宗行祭礼。"然后，我们就带着鞭炮、草纸、煮熟的猪头肉和苹果什么的，来到了祖坟前。墓地的黄土，草刚刚泛绿，坟前的槐树还没有返青，看似是枯木，在风中摇摆，透过晃动的树梢，看见空旷的原野。祖坟上低颤的声音令人恐惧不安。乌鸦在天空中盘旋，犁地的牛低头在沟渠里饮水。我的心一沉，再也没有比清明祭祖更伤感、更寂寞、更荒凉的瞬间。

给祖先烧纸的时候，母亲摁着我的头，说："跪下，给祖宗磕头。"我虔诚地跪在墓地磕头，边跪拜边说些请祖宗保佑的话。祖坟右侧有一条小河，母亲看着小河，显得很欣慰，她说："过去咱祖坟就缺水，这回可有了风水了。"我看着小河疑惑地问："祖坟的风水与我们有什么关系？"母亲严肃地说："关系可大了，祖宗的眼睛看着咱呢！"就是从那时起，我时常感觉到，祖宗的眼睛正默默地注视着我，我该如何面对祖宗的注视呢？清明祭奠回来，我还想着母亲的话。母亲为什么在清明节说这样的话呢？

宋代陈元靓在《岁时广记》中引《三统历》曰："清明者，谓物生清净明洁。""清明"两字象征着万木凋零的严冬已经过去，生机勃勃的春天已经到来。农谚说："清明前后，种瓜点豆。"唐代诗人杜牧有一首好诗："清明时节雨纷纷，路上行人欲断魂。借问酒家何处有？牧童遥指杏花村。”清明在我国民间有着双层意思，它既是节气，也是节日。清明扫墓，追祭先人，由来已久。《梦粱录》记载，古代在清明这一天，官员士庶，俱出郊省坟。也就是说，不管是达官贵人，还是黎民百姓，都有祭祖、上坟扫墓的风俗。原因是寒去春来，万物萌生，人们想到了先人的坟茔，是否有狐兔穿穴打洞，是否会因雨季来临而塌陷，所以要亲临查看。一方面清理坟上的杂草，给坟添上几锨新土，在坟头压上灵纸；另一方面摆上一些祭品，烧几张纸钱，以表对祖宗的怀念。

当年，我记得爷爷给我找到了一首清明祭奠的唐诗：“南北山头多墓田，清明祭扫各纷然。纸灰飞作白蝴蝶，泪血染成红杜鹃。”从中我学到了很多知识。看来，清明祭祖是我们民族的传统。明白了这些礼节，我对祖先多了几分敬仰。多少张面孔，一代代地追寻，相连的血脉在澎湃。先人虽已作古，后人依然在他们慈爱的视线里生存繁衍。祖先走了，驾鹤西去，躯体融入大地，灵魂升到天空。但是，他们的故事、经历和精魂留在故乡，等于留住了我们家族的根。我们也是未来的祖先。祭奠祖先，不是做给后人看的，而是渐渐化作一种精神寄托和生命投资。每个祖先都是一部历史，一本厚书，有的甚至我们一直没有阅读过。母亲说：“给祖宗烧纸，是给祖宗送零花钱，同时也为自己的命运存下了买路钱。”血缘决定了我们的出身、性格和未来的命运。清明节也有与寒食节合并的。有一年是大祭，母亲不让我吃饭，我不知道为什么祭奠祖先不让吃饭，母亲告诉我说，是为了表达对祖先的虔诚。后来有一件事，让我对祖先充满感激。唐山大地震那年，我刚刚十四岁，当时老家的姑姑和表姐都住在我们家里。地震后，姑父从乡下跑到镇上，惦念的心情可想而知。他到了镇上，我们已经得救了。姑父把姑姑带回老家，而当时我的父亲还没有下落，生死未卜。姑姑则到祖宗的坟头上烧纸祈祷。姑姑告诉我们说祖宗显灵了，我的父亲还活着。我和母亲听了非常高兴。到了后半夜，父亲真的顶着细雨回来了。母亲和姑姑都觉得是祖宗在保佑着他的后人。后来我一直追问姑姑：“你给祖宗上坟的时候，感受到了什么信息?”姑姑说：“感觉在心里，是说不出来的。”也许是迷信，但我们对祖先的崇敬与迷信无关，它是我们的精神起源。我想，如果有神灵的话，祖先的神灵最可靠。但实际上，世间是没有神灵的。人类这样高智商的动物，是不会长久地相信逝去的前辈有能力左右现世的后人的。问题可能出现在经验上，也许是那些传说、幻觉、想象与当事人心态等复杂的东西传递给后人的表象。

刚刚在清明节祭了祖，想到了我的爷爷。我在文章里从来没有写过爷爷。这里就需要介绍一下我的爷爷，我的爷爷叫关术番，唐山丰南谷庄生人，当年在哈尔滨学做生意，后来跟着师父转移到天津学徒，再后来成为天津一家洋袜店的小老板。他曾读过《论语》。母亲说，我刚刚出生的时候，爷爷高兴地从天津赶来，抱着《论语》，从其中两句话“仁者乐山，智者乐水”里选中我的名字，即为今天的“关仁山”。我很喜欢爷爷的儒雅风度。爷爷给我做鸟笼，还给我讲故事。他说相传很久以前，有个叫万年的青年，看到当时节令很乱，想把节令定准。一天，他上山砍柴，坐在树荫下面休息，看见树影移动，他怦然心动，随后就设计了一个测日影记天时的日转仪。天阴雨雾，耽误了测量，后来山崖上的滴泉启发了他，他又做了一个五层漏壶。天长日久，他发现每隔三百六十多天，天时的长短就会重复一遍。季节的由来也从此找到了依据。当时的国君叫祖乙，万年趁国君要设天台祭奠天神之时，就带着他的日转仪和漏壶去见祖乙，并向他讲述了日月运行的道理。祖乙听后龙颜大悦，遂把万年留下，让他创立天台，还派了十二童子服侍万年。万年在岩石上雕刻下“日出日落三百六，周而复始从头来。草木枯荣分四时，一岁月有十二圆”。后来，万年精心推算，制定出了准确的太阳历，国君封万年为日月寿星。每当过年的时候，从腊月过半，就有年味儿了，人们开始筹办年货，市场上热热闹闹，吃的、穿的、用的、玩的，各种年货琳琅满目。我的爷爷，每到过年时就买来寿星图，挂在家里的墙壁上。我看见爷爷亲手写春联，内容记不得了，但记得爷爷借写春联之际教我写毛笔字，从那时起，我开始临摹颜真卿、柳公权的字帖，我用毛笔写的“福”字，得到了爷爷的夸奖。说了这些关于爷爷的故事，他跟清明节日有什么关系呢？

爷爷在清明节祭奠祖先，总要放生一些鸟。节日里，除了烧纸，上香，还要放生鸟类。记得五岁那年夏天，我生病刚好，爷爷就带着我到乡里的集市上玩，买回来一只绿羽毛红嘴巴的鸟。鸟叫什么名字，我忘记了，只记得叫它“绿鸟”。鸟笼放在房间里，给寂静的家里带来一点儿活气。绿鸟被放在鸟笼里，我给鸟一口口地喂食。我很喜欢这只鸟。笼子里，鸟焦躁地鸣叫着蹦来蹦去，似乎要冲破牢笼。清明节就要到了，爷爷没有抓到放生的麻雀，他看着笼子里的鸟心疼地说：“鸟被关在笼子里是多么不幸啊！”爷爷的话，让我茫然。我望着爷爷的脸问：“爷爷，你咋会觉得它不幸呢？”爷爷说：“失去自由就是最大的不幸！鸟是要飞翔的，就像人要走路一样。放它出去飞翔吧！”我有些舍不得，说：“放飞了，我就没有伴儿了。”爷爷说：“爷爷再到集市上给你买一只。”我点头答应下来，爷爷开始鼓捣鸟笼，不小心鸟扑棱棱飞出了鸟笼。这下可坏了，鸟钻进了房梁，找不见了，爷爷的脸由茫然变成惊愕。爷爷拿着掸子乱打，鸟就是没有动静。过了一下午，鸟终于又出来了。我捉鸟的时候，正巧奶奶走进来，一挑门帘，鸟顺着门帘的空隙飞走了。我追出去，望着鸟冲向天空的身影，鸟也把我带进了飞翔和思索的空间。绿鸟的影子渐渐暗淡，消失在虚幻的世界里。爷爷见我很失落，就安慰我说："这样挺好，我们在清明节提前放生了。"

绿鸟消失的时候，我心里还是留下个阴影，爷爷带我去集市买鸟，集市上没有那种绿鸟了，爷爷就到田野里、屋檐下给我捉鸟，终于捉到了两只灰麻雀。清明节到了，我和爷爷到祖坟上放生麻雀。麻雀飞走了，爷爷在坟地里坐到黄昏，他始终凝望天空，静静地朝远处凝视着。天空有鸟从我们的头顶自由自在地飞过去。爷爷放生的理念植入我心底，总能唤起我幼小心灵的感动。那一年的清明节前夕，黄昏过去，黎明醒来，我和爷爷整个人的心思都集中在抓鸟上。为了清明放生，爷爷抓鸟摔了一跤。只记得他伸手抓了几下，抓空了摔倒在地，从此再也没有起来，躺了三个月就去世了。爷爷去世的当天夜里，我内心的悲伤无法言喻，抬头望着夜空，看见有一弯挂在深蓝色夜空中的月牙儿。我想，来年清明节的时候，我给爷爷祭奠，抓鸟放生。

我长大了，总能想到清明节与爷爷放生的场面。黄昏是精美而忧伤的，生命与自然怎样和谐相处？生命走到了尽头，满含着眷恋与满足，向人间投下闪光的泪滴。俗话说“千里不同风，百里不同俗”，春节是喜庆的节日，清明是祭奠祖先的节日。都是我们共同的节日，尽管过节方式有差异，但都深深地留在我的心中，这说明我们民族多彩文化的闪光点，还有我们民族的神韵。这一切都让我对节日有了新的理解。当生活的重轭与精神的追求实在难以融合的时候，我就想到清明祭祖的放生。我们都有自己的祖先，我们都拥有共同的祖先。祖先的眼睛俯瞰着后人，其中积累着沧桑坎坷，奉送苍天祝愿，筑起顽强的生命之巢，让血脉永远相连。我们每一个华夏儿女，同属于一个东方老祖。祖国的眼睛追踪着我们的命运之舟，生活在他充满慈爱和祝福的视线里，即使生活有苦难，对我们也是鼓励和鞭策。于是，我们的生命才真正有了意义。既然生命是个过程，就要珍惜、感恩和奋斗。如果遇到挫折，生活还能重新开始。我们的生活也好，清明祭奠也罢，有了祭奠和放生就感觉精神通祖、通物、通史、通天、通地，还有一点通心，通灵魂。

清明几处有新烟

温亚军

我坐在阳台软塌的懒人沙发上看书，头顶两排升降式晾衣杆上挂满空空的衣架。炽烈的阳光透过玻璃窗铺满整个阳台，仲春时节温暖的阳光中，沉浸在慢慢悠悠的文字里。此刻，风未有至，声未有动，我喜欢这样没有任何惊扰的家居生活。正所谓，时光静谧，岁月安详。

突然，头顶晾衣杆上的空衣架似有人拨动，竟然摇晃起来，轻微的碰撞声持续了几秒钟。窗户是关着的，屋外依旧无风，阳光轻烟一样的光影没有一丝晃动。难道是地震了？我冲到客厅，朝妻子喊道："地震了！"妻子一脸的茫然，等她跟进里屋观察时，晾衣杆上的衣架还在微微晃动。

我们看着衣架缓缓停稳，愣了许久，妻子忽然表情悲伤起来说："快到清明节了，我却回不去拜祭父亲，是不是他不远千里来看我们了？"

妻子是江西人，岳父生前来过两次北京。

"他怪我们没去看他，还是牵挂我们了？"妻子幽幽地说。

这太玄学了。我当然不相信是岳父的魂魄来过，可我希望是。我跟妻子说："咱们去买点祭品，遥遥地祭拜他老人家吧。"

我是北方人，且一直生活在北方。在我的印象里，北方，尤其是我的老家陕西一带，以前对清明祭祖并没那么重视，他们只注重亲人的祭日，或者农历的十月初一寒衣节、春节这类重要时刻，才进行祭祀。近些年，随着生活水平的改变，陕西也开始重视清明节了，可比起南方清明时节对逝者哀思的寄托方式，还是有差距的。

在南方，清明时节人们会准备丰盛的祭品，如青团、酒水、菊花等，前往祖先的墓地祭拜。后人们将坟堆上的杂草清理干净，再添些新土，这才摆开祭品，点燃香烛，跪下磕三个头，絮叨一下生活的烦琐或者能慰藉亡者的事情。

妻子是南方人，生在江西省上饶市的万年县。2023年3月2日，岳父溘然长逝，享年九十三岁，火葬后送回祖籍中合乡邱家村，让老人家魂归故里，永远守望在家乡的山丘之上。岳父下葬的那个公墓，说是山丘，典型的南方地貌，其实是丘陵，坡缓山平，满山生长着茂盛的松树，夹杂不少杂木，密匝匝的，是雨水丰沛之地，连地表都是各种交错的灌木和见缝插针的蕨类植物，四季青翠。从离墓地几十米的缓坡下来，便是山脚了，山脚有座水库，水质清澈见底，微风吹过，碧波荡漾。岳父的归宿处是个山清水秀的地方。

安葬好岳父的骨灰，沿着来路返回，是条穿山而过的水泥路——为方便人们开车进入公墓修建的。水泥路另一边的山相对高些，妻子的爷爷奶奶便葬在那片山林之中，之前的水泥路是一条土路，红色泥土逢水便稀烂，恰遇清明雨纷纷时来上坟，不仅要扒开各种灌木的围挡，更要拖着一脚黏黏的红泥。有经验的人，会备着长筒雨靴。妻子有一年回家正逢清明，跟着大舅哥和妻姐去祭拜她的爷爷奶奶，下山之后粘满泥土的鞋子使妻子几乎挪不动步。如今泥土路硬化，能开车进山，方便了越来越不知因何而繁忙的人来墓前祭拜。

从岳父的墓地下来，看到山口边沿处与田地相接的树丛中，几簇杜鹃花开得正盛，在青绿的叶丛间红得似血。杜鹃啼血，在这样的时刻见到这样的花更让人心生哀伤。在江西，杜鹃被称为映山红，也叫报春花。为了近距离拍那些花儿，我们下到狭窄的稻田埂上。正在休眠的稻田里灌满了水，田埂与山体间有条几尺宽的沟，沟中淤泥深，田埂又湿滑，稍有不慎，脚前脚后皆是陷阱。所幸，那天连几个小孩都没出任何问题，大家都说是岳父在暗中护佑。回到县城的家中，没有了岳父的身影，悲伤之情依然笼罩着每个人。看着摆放在案桌上的岳父的遗像，他习惯性蹙起的眉头下，目光深幽，紧抿的唇角微微上挑，带着一丝对生活的满足，我却免不了难受。这是早些年岳父摆放在卧室的照片，那时他的身体还很康健，却和岳母一起，为他们的百年之后坦然地做着准备。

拍有杜鹃花的那几张照片，一直在我的手机里保存着，偶尔拿出来看看，似乎看到了生前的岳父面对我们时苍老而灿烂的笑容。在他离开的那些天里，我坐在他曾经最爱的那把躺椅上，闭上眼睛，让记忆带我回到那些难忘的时光。岳父慈祥的面容、睿智的眼神、蹒跚的脚步，如同昨日重现，悲伤之情顷刻袭来，泪水瞬间模糊了我的双眼。

岳父大名邱定水，1931 年出生，当时家境极其贫寒，少年时便失去了父亲，他作为家中唯一的男性，帮衬着母亲，用他瘦弱的肩膀过早挑起了生活的重担。大约在十八岁那年，岳父应征入伍，至于他在哪里服役，从没听他说起过。岳父很少说起自己的从前，我们也很少问他。

1993 年 10 月，我女儿在万年县出生，由外公外婆照顾。他们孙子辈女孩子少，我女儿成了家中“团宠”，更是岳父岳母的宝贝疙瘩，享受着万千宠爱。女儿两岁时随我去新疆生活，这如剜去两位老人的心头肉，尤其是岳父，他难以掩饰自己的情绪，在厨房做饭时失控大哭。当时我在乌鲁木齐，路途实在太遥远，那几年我们没回江西过年。2001 年我调到北京工作，距离江西近了，春节才有机会去江西与岳父岳母团聚。有时候会待得久些，岳父担心我厌倦南方的饮食，变着法子改善伙食。我天生不吃肉，而春节的菜肴，除了新鲜的鸡鸭鱼肉，还有腌肉、熏肉、卤肉，连那些蔬菜，也是以肉为伴。岳父有心，每顿饭总要给我炒几个素菜，生怕我吃不好。有一年春节，岳父竟然做出了陕西的扯面，筋道味美，一点不输我老家的面食。当时的万年县面条多为挂面，连机器现轧的面条都没有，真不知道岳父是怎么做出来的扯面。其实，岳父更拿手的是炒米粉，我女儿每次一边吃着一边很认真地说："外公，您去北京开个米粉店，肯定能赚大钱。"每当这时，岳父笑得见牙不见眼，说钱他就不赚了，只要宝贝爱吃，他就去北京专门做给她吃。

岳父来过北京两次，第一次是我们刚到北京的第二年夏天，他那时七十多岁，身体硬朗，我们带着他去故宫、圆明园，要走很远的路，他像年轻人似的，从不落后一步。只是，计划要去长城时，他打起了退堂鼓，后来想想，他不是怕走路，而是怕花我们的钱。当时我们住两居室公寓，面积非常小，我女儿一抱怨，岳父就想着我们能尽早买上大房子，得攒钱。2012 年，我们终于搬进了向往已久的大套房，邀请岳父岳母来住，当时他们一心想把家里的旧楼拆除重建，没有心情来北京。20 世纪 80 年代初，岳父像很多人一样，在县城边上的火车站旁买地自建了一栋两层楼。四十年过去，房屋老旧，用水泥沙子粉刷的外墙上，青苔黄了又绿，绿了又黄，屋顶的青瓦换了无数茬，也敌不住风雨和岁月的侵蚀，经常漏雨，这在多雨的南方非常糟心。岳父经常不听劝阻，偷偷爬上屋顶自己修补，他或许真的忘了自己的年龄。后来政府出台政策美化环境，鼓励大家将旧房翻新或重建，并给每户相应的补贴。岳父本来早已有心将房屋重建，借此机会与两个儿子商量，推倒旧楼，建成两座连体的三层公寓。楼建成了，岳父岳母已倾尽所有，而岳父毕竟年事已高，精神、体力耗损严重，自此身体状况一落千丈。但他想再来一次北京的愿望没有放弃。2013 年 10 月，在外孙女的陪同下，岳父岳母来到我们的新家，那段时间岳父心情很是舒畅，只是他的腿脚不太利索，只去过一次鸟巢，便哪儿也不去了，他是不愿给我们添一点麻烦。为此，他和岳母经常在小区院子里走动，因为走错单元门或者方向性错误而互相拌嘴，倒是挺有意思的。

那时，我女儿正在外地上军校，假期学校不断有变数，直至她毕业后工作，那几年再没能去江西陪伴外公外婆过年。直到 2018 年春节，女儿随我们回江西过年，那个春节，两位老人一大早就在我女儿的房门口转悠，想叫醒她，又怕她没睡够。

这是女儿最后一次与外公过年，得知外孙女当时的职务，我岳父才透露了一点他的过去：抗美援朝的时候，他从战士提升为副排长，在湖南的一个陆军医院搞内勤，每天接收从前线运回来的伤员，他们帮着医生护士抬伤员，弄得一身是血，可从没有人畏惧过。

岳父讲他的从军史时，嗓门其实很大，也许是过去的经历埋在心里太深，看得出他情绪很激动。大家都在院子里晒太阳，他好不容易打开自己的过去，我想借机知道更多的内容，他却不愿讲了，只是慈爱地拉着外孙女的手，问她现在的部队情况。从外孙女简单的描述里，他品咂着时代的差异，感叹岁月如歌，唱不尽的是那些逝去的青春和不朽的荣光。在岳父简单的话语里，我看到了他对往昔的无限怀念，也有对和平年代的深深珍惜。

直到现在，我都不清楚岳父在部队多少年，妻子对此也茫然不知，她所知道的，不过是从岳父岳母在日常的争执中听来的只言片语，这对于岳父漫长的一生而言，如同惊鸿一瞥。岳父转业到九江的一家中型棉纺企业工作后，才与岳母完婚。随之，岳母在岳父所在的棉纺企业当临时工。他们的婚姻并不是想象中那般美好，岳父事业心强，除过吃饭睡觉，他都粘在厂里，在家不长的时间，他又特别大男子主义，动辄用他在部队上的一套来训斥岳母，丝毫不顾及岳母在厂里、家里的辛苦。后来，因为要照顾自己年迈的母亲，岳父从九江调回老家，在县城近郊的垦殖场任副书记，岳母也进了县新华书店当售货员。那时的生活很艰难，一切都要重新开始。他们没有房子，在一个叫梅林的乡下租房住。应该说，那段生活让岳父岳母的关系有了一定的改善，因为岳母没有反对岳父回老家，而且为此放弃了她在九江那家棉纺企业转正的机会，这或许使岳父心生感动，让他对以往的一些行为有了愧疚。

妻子说过，年轻时候的岳父岳母关系很不融洽，岳父性格刚硬，而岳母好强，不善妥协，他们的婚姻里最不缺的便是狂风暴雨，但这一切并不影响他们对家庭的维护和对子女的关爱。最能磨炼人的是时间，多少年过去，在岳父身上，他的烈性，他的暴戾，已经被生活磨砺得所剩无几，只偶尔一露峥嵘。

老年的岳父其实十分孤独，他的内心不知深藏着多少故事，少时家境贫寒，他没上过几天学，全靠后来在部队自学认字。听大舅哥说，岳父曾经写过小说，写了厚厚的一沓纸，只是那些纸不知什么时候被雨水泡坏了。至于这个“曾经”是什么时候，写的什么小说，我们无从知晓。我想，这是不是岳父对写小说的我偏爱的原因！我也从未问过，他是否喜欢我的小说。

退休后的岳父，像换了一个人，慢慢地替代岳母承担了家里几乎所有的家务，对侄辈亲戚，他表现得更加宽容。而岳母的脾气差不多与岳父调了个儿，与岳父再起争执时，很多时候偃旗息鼓的往往是岳父，他找个没人的角落静静地坐着。那一坐，很悲怆的样子，像多少年的风雨在那一瞬都已披挂在他身上，不但侵蚀着他的外表，也深深地伤害着他的内心。当子女们不忍心，轻轻地走向他，想以同样的方式陪伴他时，他在猛然间惊醒，一声叹息后，挥挥手，平静地说：“你们忙去吧，没事，我在这儿坐一坐。”然后就一直坐着，直到天将黑下来或者到了做晚饭时间，他才缓缓起身，沉默不语地走向厨房。

可以说，岳父的后半生基本上是在厨房度过的，他操心着一家人的吃喝。我女儿从小吃饭挑剔，这也是岳父最牵挂的，每次打电话，他总要问她吃饭的情况，叮嘱我们，一定要有耐心，孩子还小，不要对她发脾气。

岳父的这份爱，致使我女儿对外公的离世难以接受。去年安葬好岳父，十几个孙子、孙女、重孙，都奔赴各自的岗位、学校，开始重复以前的工作或者学习，我女儿却坚持要留下来，过了外公的“头七”，利用这段时间也能多陪陪悲伤中的外婆。

孩子懂事了，也到了懂事的年纪。岳父泉下有知，也该欣慰了。

“清明时节雨纷纷”是南方的普遍特点。细丝一样的阴雨洒落在山川大地，路边田地里的蔬菜清洗过一般，嫩绿中透着清新。油菜花开得还没那么热烈，远远看过去，是一片淡淡的黄色，似人的愁绪，浅浅的，没有尽头。

离家多年，我只以为每一年的清明都是一样，与生活的每一个日子相接，无悲无喜，平平淡淡。岳父的离世让我突然意识到，其实每一个清明，勾起的都是生与死的思考，还有新的哀愁与惦念。

仿佛生死可以重逢

娜　夜

这一天，每个人心里都有一篇哀悼文，每个人。

有的变成了文字、坟茔前的眼泪、直立的墓碑，有的永远埋藏在心里。

21 世纪，科学的飞速发展，医疗仪器的精密，取平均值的检测指标，体检单上上升或下降的红箭头，几乎使每个人都成了病人，每个人。

惶惶不可终日……

冰冷的科学，在普遍的绝望中，也给人类带来了一丝死后的安慰。随着对宇宙的探索，多维空间与量子纠缠理论的存在，死的含义也发生了变化。死并非生命的终结，彻底消失，而是变成了另一种形式。

人类更愿意相信，那 21 克重的灵魂脱离了肉体，仍存在于地球上。而人的意识也会在死后脱离肉体的束缚，继续存在。

一则短视频，婚礼正在进行，一只蝴蝶飞来，落在新娘的肩上。众人诧异，新娘泪流满面，冥冥之中她坚信这只蝴蝶是她去世的父亲，以这样的方式来参加她的婚礼，实现生前的承诺。

这一刻，使生命获得安慰和惊喜比真相更重要。

我愿意相信超自然的力量，而非漫长的科学依据。

是的，人类对生命的探索不会停止，我从哪里来，我去向何处，终会一步一步接近真相。

我是什么时候懂得死的含义的呢

是巴爷爷的死。

巴爷爷死的时候，我们一群小孩子正围在赵秃子的大铁皮盆前，热气腾腾地数着被她拔了毛扔进另一个盆里的麻雀，已经数到21了。

巴爷爷死了。

巴爷爷死了。

我们呼啦啦就站在了巴爷爷家的院子里。

高大的巴爷爷躺在一个木板上，一下短了许多。我们哭喊着："巴爷爷，巴爷爷……"越喊越急，生怕慢了巴爷爷就真的听不见了。

我们喜欢的巴爷爷，从没像其他大人那样呵斥过我们的巴爷爷，和我们一起捉迷藏、玩老鹰捉小鸡的巴爷爷，真的听不到了。

大人们说他死了。

我们不愿意说巴爷爷死了。"死"是个难听的词，像是在骂人。更不喜欢批斗这个词，尽管我们还不理解它的万般复杂，但它让我们再也叫不醒巴爷爷了。

很长一段时间，我们都说巴爷爷睡着了。那语气，似乎某一刻，巴爷爷会活过来，笑呵呵地出现在我们面前。

我们捡来两坨鸡粪，代表这两个字，用石头拼命砸，骂了很多难听话。男孩子搬来更大的石头，狠狠压上去，永世不得翻身。

整天忙着揭发的大人们怎么会知道，没有了巴爷爷，我们少了多少欢声笑语，少听了多少好故事。

再也没有人笑呵呵地问我们：“先有鸡还是先有蛋？”那是晚饭后的小广场，山坡上，废弃的铁道边，他讲完了一个故事，我们缠着他再讲最后一个，他就会突然这么问，在一群孩子大呼小叫的争执中，他摆摆手走开了。

巴爷爷讲的都是成语故事，郑人买履、邯郸学步、完璧归赵、负荆请罪、三顾茅庐……讲到关键处，他会突然指着我们中的一个，让他学一下古人当时的表情。孩子们笑起来，互相推搡着，他又自言自语道：“古人的画像都是写意的，没有真面目，这真是一个天大的遗憾。”

至今如此，无论我在哪里看见按我们后来人的理解完成的李白、杜甫、屈原、苏东坡等古人的画像、塑像，都会再遗憾一次。

这个无所不能的时代，或许有一天，AI会依据他们的生平和诗词，准确描绘出他们的相貌、声音、头发的浓密。像古老的中医，把手指搭在脉搏上，就知道女人的体内已经开始孕育一个新生命了。

多么可爱的巴爷爷啊，后来我们才明白，他讲的《皇帝的新装》《穿靴子的猫》《卖火柴的小女孩》《丑小鸭》，是《安徒生童话》和《格林童话》里的故事，他将故事里的人名换成了小花、二虎、壮壮，把上帝换成了老天爷，国王换成了大地主，圣诞夜换成了大年三十。

母亲说："巴爷爷一家是北京下放来的，很多故事他不敢讲。"

巴爷爷家的奶奶是个漂亮的疯子。每天下午，准时站在一个缓坡上，向一列准时驶过的火车挥手，让轰隆隆的火车，把她的话一定带到北京去。

我们小，听不懂。大人们懂，都"唉"上一声，一言难尽的样子。

巴奶奶被人扶着来了，看着躺在木板上的巴爷爷，她笑呵呵地拿着一根纯白的鸡毛掸子，在巴爷爷身上来回掸着，说着和此刻毫不相干的话。她似乎没听见孩子们的哭声，也没听见大人们的哭声，安静地掸着巴爷爷身上的空气。

或许一直疯着的她，和我们一样，不知道死意味着什么。

去了土里的巴爷爷，带走了他爽朗的笑声、会变魔术的手、时常晃动给我们看的左耳、他的好脾气，他带走了他从小到大学会的一切。

这就是我那个年龄理解的死的含义。

如果那时候我懂得物质不灭定律，我一定会把冬天的雪花、春天的鸟鸣、雨后天边的彩虹、一条游着小鱼的山涧溪水，视为巴爷爷的另一种存在。

我第一次扫墓，也是给巴爷爷。

清明节，我们几个孩子跟着巴爷爷的独生女上了山。连绵起伏的群山下，巴爷爷的小坟包显得又小又矮，孤零零的。左右、远近都没有邻居，杂草还没长高，两棵沙枣树的叶子在风中变换着颜色。我们哭着，点燃了黄表纸，巴爷爷的女儿开始说话，想起母亲的告诫，“她和巴爷爷说话时，你们要退到远处去，尽量远”。退到了远处，我们继续抹着眼泪，直到她招手叫我们过去，才一起就着眼泪和山风，吃掉了碟子里的祭品：芝麻饼、黑糖球、豆腐干、花生米。开始我不敢吃，也不舍得吃。她女儿说：“吃吧，刚才我和他说话的时候，他已经吃过了。”我似懂非懂地点着头，吃起了芝麻饼和黑糖球。

临走给他鞠躬时，眼泪又掉了下来。

很多年的清明节，我只给他扫墓。

因为我认识的人里，只有巴爷爷死了。

动物会哀悼死亡吗

书房外的瓦楞上，一只鸟总会等来另一只，一起站一会儿，然后欢快地飞向树丛。有时我会放下手里的书，和它一起等。也在想，有别于人的爱，鸟类的爱也轻盈。

今天落雪，午睡醒来，瓦楞上的小脚印，有鸟儿跳来跳去的欢喜。

我也欢喜，雪带来北方的气息。

记住一只鸟的模样是不可能的。但我假设：黄昏或午后，站在我书房外瓦楞上的鸟，始终是那两只。

这样的假设，也令我欢喜。

动物会哀悼死亡吗？

想想动物的事，远比人的事有意思。

凡生命皆有欢喜、恐惧、悲伤。只是我们人类无法知道，动物们的哪一种行为是哀悼和怀念的表现。

我知道，整日嗡嗡的小蜜蜂，会在同伴死后，将其尸体移到离蜂巢两米外的地方，盖上青苔进行埋葬。

著名灵长类动物学家弗兰斯·德·瓦尔通过长期观察，证实了哺乳动物是会哀悼的，尤其是母亲和后代之间。他证实了狒狒在丢失了它的孩子几周后，会回到丢失小狒狒的地方，爬上高高的树枝，开始哭泣。

而与人类行为方式最接近的猴子，会表现极度的悲伤，停止进食，变得沉默，长时间盯着尸体，有时还会做出奇怪举动，试图让尸体复活。

大象在亲属离世后会连续几天守在尸体旁，不让其他动物靠近。象群在首领的带领下将逝去的象运送到山林深处。用牙掘松地面的泥土，挖掘墓穴，将死者放入，一起用鼻子卷起土块，朝死者抛去，将其掩埋，再用脚将墓穴踩得严严实实，绕着“墓穴”慢慢行走，以示哀悼。

在甘南草原，苍老而能歌善舞的老扎西说，草原上的乌鸦和骏马都是他的朋友。野花遍地的草地上，就着牛肉干和易拉罐啤酒，我们聊着酥油花、玛尼堆、转世轮回。是的，只有到了草原，你才能理解，人和神为什么难舍难分！老扎西告诉我们，乌鸦的葬礼是在山坡上，它们围着死去的乌鸦排成弧形，发出呱呱的叫声，类似我们人类的“悼词”。然后有两只乌鸦飞过去，把死去的乌鸦衔起来，送到附近的池塘里，众鸦集体哀鸣着盘旋数圈后，才各自散去。

那一天，一条编号为 J35 的雌性虎鲸让全世界关注它的人热泪盈眶。

J35 的名字叫作塔勒阔（Tahlequah），它所在的虎鲸群体生活在萨利什海南部（靠近美国华盛顿州与加拿大不列颠哥伦比亚的海岸），这是一个科学家密切关注的留居种群。经过一年半的孕期，J35 分娩了它的第二个孩子——一条雌性幼鲸，这条幼鲸也是这个数量不断下降的种群 3 年来的第一个活胎。但仅仅 30 分钟后，这条幼鲸就夭折了。J35 并不愿放弃自己的孩子，它将幼鲸的尸体顶在头上，在尸体掉落时再潜下去将它重新托举上来。在接下来的 17 天里，J35 托着幼鲸的尸体游了 1600 多千米，才最终放弃了它。

17 天里，这条虎鲸内心的悲伤，人类永远无法描述。

我们赖以生存的地球，海洋与陆地的比例是 7∶3。我不知道，人类抒写海洋的诗歌是否也是这样的比例。海洋诗歌在中国古典诗歌中所占篇幅并不多，这应该和中国是陆地文明有关。

在西北高原生活了 40 年的我，第一次见到大海已经19岁了。

19年里我只是认识“大海”这两个字，反复书写它的13个笔画，充满了想象和身临其境的渴望。对海洋生物，更是所知甚少。带鱼、黄花鱼、秋刀鱼、龙利鱼、海鲈鱼、石斑鱼，几乎都是在餐桌上认识的。

20世纪90年代在兰州生活时，我们养过几年热带鱼。宽敞的鱼缸里，两条银龙从来都是居最高水位线游动，鳞片呈银白略带浅蓝，自带光泽，游姿优美平稳，像两条直线，转弯的时候，尾巴也不会下低。两只红鹦鹉鱼和一些小鱼游在下面。24小时恒温，定期换水，清洗氧气泵、过滤器，去花鸟鱼市买鱼虫，我都乐此不疲。

看鱼，是一件愉快的事。新鲜，好奇，站着看累了，搬来凳子坐着看，满眼欢喜。也会手指着一条，谴责它又咬去了另一条的半边鱼尾或一块肚皮。我照例谴责，它们照例撕咬。它们是舒服的，无论窗外是狂风还是沙尘暴，也无论时代发生了怎样的变化，它们只管在恒温里自在地游来游去。

冬去春来，我认识了它们，它们也认识了我。

只要我往鱼缸前一站，甚至路过，它们都会涌过来。红红的鹦鹉鱼，张开婴儿般的小嘴实在可爱。

看得出，两条鹦鹉鱼在鱼缸里游成了一对情侣。它们用嘴一块一块叼着底部的砂石，形成一个窝状的凹陷，只要其他鱼接近这个凹陷领地，它们就猛游过去撕咬或恐吓。猛然晃动的身体，像两团火，燃烧在水里。

我常在入睡前，对它们说："你们的可爱，会让我睡个好觉。"

秋天的一天，不知是我投喂的鱼食有问题，还是新买的鱼类带来了细菌，下班回来，它们并没有张开小嘴，红红地向我游来。体积略小一点的母鹦鹉依附在砂石上，奄奄一息的样子，无论我如何搅动鱼缸，都不再游动。那时还没有万能的互联网，我只能跑到书店，买回相关的书籍，尝试着各种急救。

也或许它们太老了，4~5 年的寿命，算起来也差不多了。

只要我把治疗后的一只鹦鹉鱼放回鱼缸，另一只就在它左右，不离开。它们挨靠着，附在砂石上，再没有力量对经过凹陷领地的鱼进行恐吓。

我不再把它们分开治疗，一直让它们把这个状态保持到最后。

最后，我用一个小铁盒，把它们冻在冰箱里。

这样，它们还在，以另一种状态。

这样，当它们复活，冰霜融化，看上去像相拥而泣。

清明忆故人

李约热

我的家乡拉烈街四周裹着石山和土岭——小的时候，听大人讲故事，说原来我们这个地方都是平地，但是远古时代，有一位神仙手拿赶山鞭像驱赶囚犯一样“驱赶”着群山和丘陵，打我们这个地方经过的时候，不知道为什么，这位神仙被玉帝召回，“赶山工程”没有完成，将高高低低、密密麻麻的石山和土岭留下，之后再也没有神仙来接替这项工作，这些原本要去填海的石山和土岭“烂尾”在我们这里。讲故事的人情绪激动，一脸的沮丧，不停地埋怨那位没有完成任务的神仙，好像那位远古的神仙是我们闭塞、贫穷落后的主要责任人。年幼的我，对饥饿和物资匮乏深有体会，自然对那位不称职的神仙充满厌恶，我们这个地方离大海五六百公里，我在心底喊：“你不是神仙吗？你多挥几下，只要你多挥几下，石山和土岭不就被赶到海里去了吗？你为什么要急着回天上？你到底想干什么？”传说归传说，现实归现实，大人的神话，只是拿来骗骗孩子的，所有住在深山里的孩子，大人的异想天开（在很多个夜晚，拉烈街的大人们讲得最多的是穷光蛋怎么一锄头就挖到金子一夜暴富讨到漂亮老婆的故事）给他们最大的影响要么是认命，要么想着怎么样才能出现奇迹。后来渐渐长大，我在又一代神话讲述者的嘴巴里听出另一层意思：大自然喜怒无常根本不按常理出牌，面对如此不负责任的“神仙”，我们只有好自为之各自保命。这样一来，内心一片祥和。你看啊，石山和土岭之间空出来的地盘住着几百户人家，他们的祖先以各种各样的原因聚集在这里，儿孙们眼中的缺点，是当初祖先们打着灯笼都不容易找到的优点。对于祖先来说，这里是战争时的“掩体”和“防空洞”；而对儿孙们来说，这个地方，现在成了奔向幸福前程必须逾越的“天堑”。拉烈街，一条河水在高山和丘陵之间穿行，这是我的母亲河刁江，清澈碧绿，当年我的祖父在这里上岸，我们一家从此在拉烈街扎根。我曾在12年前的一篇小文的开头描述我们一家是怎么和这个地方迎头相撞的：

> 我祖父吴楣生100年前将装有他父亲遗骨的“金坛”背在身上，离开家乡嘉应州（广东梅县）松口镇，沿着西江、红水河、刁江，溯流而上。他将自己连根拔起，重新种植在一个陌生的地方，这个地方就是拉烈。拉烈是壮语，意思是“沙子下面”。什么原因使祖父这样做？最简单的解释就是为避战祸。当时正值新旧政权交替的重要时节，山雨欲来，我祖父像地震前急于逃命的小动物，离开

岭南四大古镇之一的松口。当然这只是一种猜测，是不是真的这样我也不敢确定，也可能是逃债，也可能是为了做生意，等等，父亲在世时没有提及，也许什么原因都没有，千百年来，客家人不是一直都在迁徙的路上吗？客家人骨子里不惧漂泊，说走就走，脑子里理想的故乡不一定土肥水美，他们自己的根须已足够强壮。但是不管怎么说，只要是离开，都会含有悲情。西江江面风很大，红水河江面风很大，刁江的江面风很大，想想祖父坐在船上，怀抱他父亲的遗骨，江风袭来，衣衫凌乱，家乡在身后越来越远，心情自然好不到哪里去，就是100年后的我都能感觉得到那种凄惶……

这是我写的关于我祖父的文字。祖父于1951年去世，没有留下一张照片，他所有的孙子孙女都不知道他长什么模样。祖父来到这个叫“拉烈”的地方，先是给有钱人家当账房先生——他是打算盘的高手，他们说他可以两手同时打两副算盘——之后开染坊，日子日见殷实，先后娶了两房太太，生了九个女儿、两个儿子。我父亲是他最小的儿子。父亲在世的时候很少谈论自己的父亲，关于他的故事我所知甚少。祖父被葬在拉烈街一座叫“那尖”的土岭上，而他的两位妻子张氏和蓝氏，一位葬在乃升岭，一位葬在辣咪坡，葬在辣咪坡的蓝氏是我的亲祖母，父亲在世的时候也很少提及自己的母亲，关于她的故事我同样也是所知甚少。往往都是这样：先辈们的故事来到了后辈们的脑海里几乎都是影影绰绰，很多甚至是戛然而止。这是没有办法的事情。我的表哥志才曾经对我们说：“你的阿婆因为太过辛苦，眼睛早早就瞎了，别看她眼睛瞎了，哪个子女和亲戚来到她面前，不用出声她都认得出来，我还没走到她前面，她就说‘志才又来了’，她分辨得出我走路的声音。”志才表哥说：“你们家当时真的有钱，床铺底下撒有银圆。”我的祖母早早成为盲人确实是真的，她瞎着双眼本能地分辨谁是她的女儿和儿子，谁又是与我们家联系紧密的亲戚。一个人从脚步声辨认来者我是相信的，但是说我家早年富到床铺底下撒着银圆我是不相信的。志才表哥说我们家有钱的这个细节肯定有吹捧的成分。而我的寿来表哥，他也曾经跟我们提及我的祖父，最佩服我祖父的地方不是他讨了两个老婆，生了九个女儿、两个儿子和家中“床铺底下撒有银圆”，而是祖父识文断字。后来，只要是寿来表哥跟我们去扫祖父的墓，除了烧衣纸（用黑纸剪成的衣服）、纸钱外，寿来表哥还给我的祖父烧上一张广东的报纸，可见他是多么知晓我祖父的“需求”。我们和祖父祖母一年一度的“相聚”，就是在清明节期间。我们一般先是坐船沿刁江顺流而下，在江边的辣味坡给祖母扫墓，然后又坐船返回，在那尖岭靠岸，给祖父扫墓，再到我家背后的乃升岭（因地势较高，被我大哥称为“珠穆朗玛”）给另外一个祖母张氏扫墓。我们这些孙子辈，带着各自的家眷，来到祖父祖母的坟前，除草、摆上供品，点燃香烛，叩拜，往酒杯里添三遍酒，焚烧纸钱和衣纸，点燃鞭炮，这一年的清明节算是过完了。关于祖父祖母的故事又一次戛然而止，再一次续上要等到来年。

而父亲又不一样了。

每一年的清明节，我来到父亲的坟前，总有太多的念想。父亲生前喜欢文学，他做单位领导的时候，单位建起了图书室，不光藏有文学名著，像《人民文学》《解放军文艺》《文艺报》（杂志型）等刊物也摆在图书室里。我最早的文学启蒙，就来自与此相关的阅读。父亲于2002年去世，我于2003年开始真正意义上的写作，从此之后有几年，给他扫墓的时候我都把自己的作品烧给他看，在火光之中，我脑子里往往会泛起这样的场景：

父亲坐在乡下家中一张油漆斑驳的木质沙发上，阳光穿过我家的天井，将他照射成一幅图案，悲苍，古老，就像一段即将失传的往事……父亲二十一岁的时候参加革命，帮助他走上这条道路的是进步的书籍，这得感谢我识文断字的祖父，他疼爱儿子的方式是不停地给儿子零花钱。父亲从外地邮购进步书籍，书籍开阔了他的视野，在偏僻的乡村，父亲成为“激进分子”。20世纪40年代的乡村，提供给父亲的舞台非常广阔，他和一群年轻人一道要做的事情是，唤起民众对旧制度的抗争，他们在山山弄弄之间出没，在这个过程中，父亲目睹了死亡：有时候是同志，有时候是敌人。父亲参加20世纪40年代末广西西北部那次著名的暴动“3·6暴动”，成立“桂西北人民求生队三六支队”，推翻旧政权，父亲成为一个中队的指导员，他和他的同志们迎接解放军南下。后来，父亲成为新政权的一名工作人员，由于长期的奔波，他患上胃病，被安排到新华书店工作，成为广西都安县新华书店第一任经理。爱读书的天性使父亲如鱼得水，在处理完日常事务之后，他要做的事就是养病和看书，那时候父亲没有手表，一页一页的翻书声构成父亲日子的分针和秒针。一本《红楼梦》他就读了五遍，而胃病从此以后再也没有发作。父亲在50年代后的历次政治运动中成为被批斗的对象，他和很多人一起接受审查和批斗。后来我曾不止一次询问父亲当时的情形，他缄口不提，只是告诉我一些比较轻松的事情，比如审查人员在他的宿舍看到一本《李白传》，他们一口咬定这是一本为桂系军阀李宗仁、白崇禧（二人经常被人联系在一起称为“李白”）歌功颂德的黑书；还有他在被关押的时候，有人用土制的铁手铐铐他，由于父亲的手比较瘦小，手铐根本就铐不住他的双手。我知道这是父亲一生中最困难的时期（母亲就是在那个时候将我们五个孩子留给父亲撒手归西的），他内外交困。但是在我儿时的记忆里，并没有父亲愁眉苦脸的样子，相反，还藏有父亲的歌声和笑声——歌声和笑声在艰难的岁月中顽强地响起，一点一点地消解苦难，成为我成长中最重要的声音。后来，获得平反之后的父亲被安排到供销社工作，他率真的性格好多次给他带来麻烦，比如有一年春天，一位领导的爱人要父亲给她开条子去食品站买排骨，父亲没有开条子，而是要她去排队，于是春天还没有结束，父亲就接到去一个更小的单位报到的通知。1984 年，父亲光荣离休，他仍然热衷读书，在日复一日的阅读中，他的视力越来越差，直至失明。我曾带父亲到柳州看眼疾，当我牵着父亲的手穿越马路的时候，听到汽车的喇叭声，几近失明的父亲本能地拽住我，不停地说“小心小心”。这个时候，我感受到强烈的父爱……想想父亲这一辈子，我有时像嚼一根甘草，有时像喝一口黄连水，每每在父亲的坟前，当我给他烧纸钱、衣纸和自己的作品的时候，脑中都会出现父亲端坐在家中，一抹阳光穿过天井打在他身上的情形——这已经成为我心中永远的影像。

而我的母亲，我苦命的母亲，在我三岁的时候就去世了，她也没有留下照片，她的模样成谜，她的故事也跟我的祖父祖母一样，戛然而止。后来，在街坊邻居的拼凑中，我脑子里才出现她模糊的影像，后来我把她写在作品里：

> 他们问我：“你还记得你妈妈的样子吗？”
>
> 我说：“不记得了。”这时候我心里马上掠过一道闪电。根据他们的话，我慢慢拼贴出关于我妈妈的一些事情。
>
> “枪一响，她就抱着你往后门跑。”这是我哥说的。我出生的那一年，镇上武斗，经常有枪声

响起。

我哥说，我们家以前没有后门，就是为了躲，才挖了一个后门。

我家的后门歪歪地开在靠山的那一面，那是一条逃生的通道，枪声一响，我妈披头散发，疯了似的往后门跑。

她像原始人一样。

“她唱歌很好听，哄你睡觉时就哼歌。野马镇没有一个女人哄孩子睡觉时哼歌，都是拿鬼来吓小孩子睡觉。你妈妈真是太好了。”在旁边看我们喝酒的八婶说。

“她从来没跟街上的人红过一次脸，跟人讲话细声细气，怕惊着脚底下的蚂蚁。”八婶说。八婶很夸张，她怎么知道人的声音能惊着地上的蚂蚁？

我已人到中年，我找不出我作为一个孩子缩在母亲怀里睡觉的感觉。更多的时候，我感觉我小时候缩在母亲怀里睡觉的权利被无情地剥夺了；更多的时候，一想起这个画面我身上就起一层鸡皮疙瘩。同时，我也想象不出我妈妈她哼歌的样子，她说话的样子。我对她一无所知——野马镇唯一一个唱歌给孩子听的女人，他们说得那么具体，听起来好像说的不是我妈妈，说的是别人的妈妈。

我的母亲和我的父亲都埋在“珠穆朗玛”，每一年的清明节，我们兄弟姐妹和父母的团聚都是在“珠穆朗玛”完成的。我们来一次，他们就活一回。

大地春醒，人间清明

徐　坤

北方人的清明，是人与大地的节日，也是春天真正的开始。尤其是山海关以北的北方，经过近半年漫长的冬季严寒，历经了立春的风寒料峭、雨水的乍暖还寒、惊蛰的春雷乍动、春分的暖意融融，北方人好不容易才来到了清明，来到了能自由出门走动的人间四月天。此时的大地山河，阳光明媚，草木萌动，万物初生，一派天清地明、生机无限。这样的节日和节气，叫人怎能不热爱、怎能不盼望？

在我的老家东北，清明是继春节之后最隆重的节日和节气。过完春分，家家户户早早地就开始张罗起清明出门的时间路线图，欢欢乐乐地开始集结一家老小亲戚子女。春节热火朝天的聚会饮宴、张灯结彩刚刚结束，马上就要迎来庄重欢快的扫墓祭祖、踏青郊游，真是叫人满怀期盼！春节是走家串户人间烟火的团圆喜庆，清明则是大地旷野敬天祭祖的仪礼朝拜。春节的气氛盛大热烈，清明的气氛庄重欢快。清明，托起北方人的春心。寒冷地带的北方人，才是真正把清明当作春天的节日过的。

清明·东陵：慎终追远

东陵也叫“福陵”，位于沈阳城市之东，闻名遐迩，是清太祖努尔哈赤和皇后叶赫那拉氏的坟茔所在地。民间墓园就坐落在几百年的皇家陵寝边上。每年清明，父亲家族里的兄弟姐妹都要相约到东陵墓园去给我爷爷奶奶扫墓。我在北京工作，请假回沈阳不易，后来当清明定为法定假日后才有机会回去。记得有一年清明下雨，我跟着父亲和姑姑乘车同去东陵墓园给爷爷奶奶扫墓。穿过密匝匝的百年森林古道，爬上一道山岭，沿山而行，墓地坐落在山脚下一个缓坡上，占地面积庞大。站在墓地边上远眺，河流山川尽收眼底，山脚下的田野里残留着去年秋收过后余下的一些高粱、玉米茬子和老叶，渗透着人间生动的活力和亲和力。更低处的垄沟里，紫地丁和矢车菊爬满四野，绿色苦艾草发着幽香。半山腰上，几株山楂树、野梨树随风飘舞，豆丁一样的红果和白色梨花煞是好看，花瓣都镶上了淡绿色的牙边，花粉分泌出几丝热烘烘的脆甜。一丛一丛鹅黄的迎春枝条在雨里抽动，再往远处，只见连绵的山脉，蜿蜒起伏的河流，漫山遍野的粉红色杜鹃花，即使在雨中，也沸腾得耀眼，红得耀眼，仿佛春天在呼啸而大地在燃烧。

如此这般北方的清明，北方的春天，十分热烈，如此壮观，如果不是亲眼所见，简直让人难以想象！地球气候变暖，清明时节北方的杜鹃也会尽情开放，这已经完全不是我小时候记忆中的还比较清冷的春天了。墓地被雨水浇得十分清净明洁，一个挨着一个隆起的圆形坟包和一块块坚硬的墓碑伫立在雨中，如圣洁的先人肃穆安详。前来上坟扫墓的都是一家子一家子的，牵着大人，带着孩子，人们忙着摆放鲜花供果，鞠躬致意，顺便教他们的子孙认着墓碑上的名字。几个守墓人在陵园墓地间走动巡查，男女都有，五十多岁的样子，风吹日晒过的脸庞黑红，看长相像是附近的村民。他们的职责是防止人们烧纸点燃明火，手里还带着工具，顺便替人修葺墓碑，重新描画上头剥落的油漆，同时还能送上一套一套的守灵顺口溜吉祥话。远远地听见他们那些话张口就来，非常押韵，朗朗上口，听起来像中国式安魂曲和抒情诗。雨不下了，我和姑姑开始忙碌，擦拭墓碑，摆放鲜花和祭品，父亲则忙着清理杂草。守墓人主动凑过来帮忙，还搭话唠嗑。当听到我姑跟人介绍说："我大侄女是个作家，从北京回来的，专门回来给爷爷奶奶上坟，小时候是爷爷奶奶带大的，特别孝顺有出息……"话没说完，一个守墓大婶立刻跟进，出口成章道："清明时节雨断肠，祭祖思亲泪两行。祷告亡灵永安歇，后人传承恩不忘。代代相守好传统，只愿亲人均无恙。愿你清明心舒畅，美满生活似花放。"

一时我们都听得惊呆了，佩服大婶好口才，同时也深感民间文化力量的强大。守墓人的几句顺口溜，就把清明扫墓的意义完美归纳出来了。一切准备就绪后，我们肃立墓前，鞠躬默哀。那一刻，植物和泥土的清香气味，雨点的潮湿气息，腐殖土的酸气，祭酒淋在地上的酒醺，混合着远处烧纸燃烧不充分的烟气，在墓地里蔓延，往事如烟，纷纷袭进我的脑海。想起爷爷奶奶一生辛苦养育了八个子女，又把下一代的我和我妹培养长大，他们的音容笑貌，他们的谆谆教诲，仿佛就在眼前。而我还未及孝敬他们，他们还没花过我工作后挣的钱，就驾鹤西去了。想到此，我不由得心头酸楚，一股热泪涌上眼眶。

慎终追远承先志，孝亲敬长启后贤。或可告慰的是，爷爷奶奶希望后代能有出息的企盼，如今都已如愿。在我们这些后代子孙们前行的每一段道路上，时时都能够感受得到他们在天堂里的欣慰目光。

清明·北陵：缅怀先烈

北陵也叫“清昭陵”，位于沈阳城市之北，是清太宗皇太极与孝端文皇后博尔济吉特氏的合葬陵寝，是盛京三陵中规模最大、保存最完整的一座帝王陵寝。它的旁边，是建于1951年的抗美援朝烈士陵园。我小时候，从1971年上小学一年级直到1976年小学五年级，每年清明，学校必组织学生到沈阳市中小学生爱国主义教育基地——抗美援朝烈士陵园祭扫烈士墓，在烈士纪念碑前庄严宣誓：我们一定要继承先烈遗志，长大做共产主义事业接班人。

是的，我小时候最先知道的“清明”和“扫墓”的意义及关联，是源于沈阳市的学校教育，而不是源于跟随家族去扫墓。在那个遥远的20世纪70年代，尽管国家政治风云变幻，但是在我们东北，致敬英雄、缅怀先烈、传承红色基因的教育一直没有中断。尤其是重工业城市沈阳，正值工人阶级领导一切、工人老大哥吃香的年代，工人阶级傲视一切，秉承红色文化和优秀的传统文化，对教育的重视，对青少年的培养，在立德树人方面从来没有放松，教育的成绩在全国也是数一数二的。因此可以明白，为什么二十多年后，到了20世纪八九十年代，沈阳能出现那么多文体人才，出现许多闻名全国的50后、60后艺术家、歌唱家、影星、球星、作家，这些都仰仗于工人阶级能够勇敢骄傲地领导一切的那个年代。

记忆当中，那个时候沈阳市的文体生活真是丰富多彩！记得我二年级时就登台讲革命故事，由老师领着到处去表演比赛，还拿过区里的一等奖；三年级时被选到沈阳市大东区少年宫射击班学习，如果坚持下来，说不定会成为后来的奥运射击冠军李双红、李对红；四年级时在学校当大队长指挥学生鼓乐队；五年级时跟同学到张作霖大帅府改成的辽宁省图书馆去借书看书，结伴到辽宁省体育馆（那时简称“大馆”）看篮球赛；初中时还当过沈阳市的“三好学生”。那个时候沈阳驻扎有全国顶尖的辽宁芭蕾舞团、辽宁话剧团、沈阳歌舞团、沈阳军区杂技团，那个时代的沈阳城，霸气又文明。

我小学是在沈阳市大东区珠林路第二小学上的，简称“珠林二”，属于我奶奶家的片区。现在这所公立学校已经没有了，变成一家注册民营学校。20 世纪 70 年代，“珠林二”每年的清明节都组织学生去北陵祭扫抗美援朝烈士墓。这是我们这些小孩子满心期盼的活动。我们期盼它，是因为，课本里学到的黄继光、邱少云、杨根思这些我们无比崇拜的大英雄，他们竟然离我们这么近，他们的事迹、他们的墓碑竟然就在我们身旁，就在眼前，就在沈阳的抗美援朝烈士陵园里。这让我们觉得有点不可思议。光荣，骄傲，又不可思议。这是属于我们沈阳的光荣，属于我们“珠林二”全体学生的光荣。老师说：“我们就要见到大英雄啦!”我们小小的脑袋瓜懵懵懂懂又极其兴奋，跟着班主任老师上了租来的大公交车。学校还要求统一着装，穿白上衣、黑裤子。这不难找，那个年代衣服的颜色基本上都是黑白灰，想买别的颜色也没有。

那时的北陵就算是城市远郊了，车开起来感觉总也不到。等到终于到达目的地，一下车，到了烈士陵园门口，就看到扑面而来的苍松翠柏，就感受到了整个气氛的庄严肃穆。我们排好队进去，整齐地肃立在纪念碑下，举行祭扫仪式。陵区中心矗立着 6 米高的花岗岩纪念碑，正面镌刻着董必武的题词“抗美援朝烈士英灵永垂不朽”。那个年代沈阳的清明，天还很寒，柳树枝条只冒出简单的泛绿骨朵儿，褐色的地皮儿也只有薄薄一层绿芽拱出来。那时候感觉清明的风很凉，小风飕飕地往后脖颈子里灌，刚刚脱掉棉鞋换上的白球鞋，鞋底很薄，站了一会儿就感到地很凉，很拔脚，站不住。但是我们小孩身上都自带一团火，这点凉不算什么，完全可以忽略不计。我们满怀好奇，聚精会神，紧盯着台上。首先由教师代表和高年级学生代表向革命先辈敬献花圈，以表达对先烈的缅怀和敬意。然后是新入队的少先队员佩戴红领巾，与全体同学一起高举右拳宣誓：“铭记历史，缅怀先烈；珍惜和平，奋发图强；热爱祖国，维护尊严；努力学习，勇敢前进；继承前辈光荣传统，做共产主义事业接班人。准备着，时刻准备着！”稚嫩的童音，铿锵有力，越过松树梢，飘过柏树梢，随风而起，直冲云霄。

宣誓仪式结束，老师带领各年级同学参观抗美援朝烈士陵园，听解说员讲解革命先辈的光辉事迹。在墓区，我们真真切切地站在了书本里熟读的大英雄邱少云、黄继光、杨根思墓前，怀着无比敬畏的心情瞻仰。墓碑很高，圆形的坟墓很大，我们小小的个子，需要踮起脚仰视。我们见到了许多英雄遗物，还看到了邱少云烈士生前用过的冲锋枪。讲解员说，他埋伏在前沿阵地里，敌人扔下了汽油弹，点燃了他身边的杂草，火烧到他身上，为了不暴露目标，他一动不动，即使身边就有个小水坑，他也忍着不动，最后被活活烧死。听到这里，当场就有两个同学被吓哭了。我们幼小的心灵受到震撼，感受到了英雄的大无畏，懂得了战争的残酷和惨烈。我没有哭，当我站在真真切切的英雄墓前，我明白了生与死，我感到了庄重、肃穆、牺牲和奉献。

我明白了虽然课本里的这些英雄们的肉体牺牲了，不在了，然而，他们的精神和灵魂来这里了，在这里得到永存，变成永生和永恒。他们的精神还活着。

抗美援朝烈士陵园的清明扫墓教育一直持续了五年，贯穿了我整个的童年成长期。

每年的烈士墓祭扫活动结束后，老师就会领着我们到相邻的北陵公园里春游踏青，划船，跳绳，找宝，捉迷藏，玩游戏。“扫墓祭祖、踏青郊游”，清明节的特性，就这样被20世纪70年代沈阳市小学校完美地阐释并实践。

一朝春醒，万物清明。清明，是纪念逝去，也是庆祝新生。清明，气清景明。北方人刚健豪迈的性格，即便是扫墓祭祖，也绝不哀愁，而是缅怀和思念；而踏青郊游，更像是与泥土有约，是亲近大地的祭奠与庆典。世界上没有哪一个民族像我们中华民族这样，对大地最具有深情。起源于黄河流域的二十四节气，是农耕民族对大地的仪礼和祭祀朝拜，而清明，就是这仪礼中最珍贵的那层，呈现出中国人对大地的深情。

清明如屏

包　倬

吾乡有言：大人盼挣钱，娃娃盼过年——这话大抵是没错的。特别是前半句，不光盛传于我故乡那样的穷僻之地，而且放之四海皆准。天下熙熙，皆为利来；天下攘攘，皆为利往。人为财死，鸟为食亡。见钱眼开。爱财如命。对人类的趋利行为，两千多年前司马迁老先生就已看穿说破，并由此衍生出若干类似的说法。但“娃娃盼过年”，如今却未必。至少，现在的娃娃眼里，已经没有我们当年的热切。

如今的孩子，特别是城里的，如果你对他们说，要过年了，中秋要来了，马上端午了……我猜他们中的多数人只会抬头看你一眼，敷衍一声，“哦”。然后，又沉入他们的游戏当中。我由此产生了一个担忧：若干年以后，是否还有人过节？

我们降生，认知世界。节日是我们对世界最早的认知之一。中国人小时候大概都问过一个问题：为什么要过节？老祖母们喜欢在历史与神话中寻找答案。什么年是个凶猛的怪兽啦，元宵舞龙是祈福啦，清明节是为了纪念介子推，端午是纪念屈原，中秋节事关嫦娥与吴刚。总之，中国的传统佳节里，有一个民族的精神谱系，有来路和去处。

人间有节，是平凡日子里开出的花朵。节日，就是需要认真对待的日子。别潦草。别急着往前赶路，时日之轮永在你脚下。慢下来，停下来。看看春花和秋月，它们和你一样，也需要节日。这是天地万物的相互观照，一种存在的确认。

面对节日，大人和娃娃的态度并不相同。节日是个花钱的主儿，大人们眉头紧锁，但节日像头沉重的大象，步履坚定，地动山摇，它不会因为你没有做好迎接的准备而推迟。孩子们却不管这些。我们儿时天天扳着手指盼过节，节日像束之高阁的点心，我们瞅准时机，提心吊胆，搬来凳子，踩上去，踮着脚尖，摸到点心，狼吞虎咽。啊！遗憾美好何其短暂，转瞬只余回味和期盼。

如今想来，我童年时度过的那些空乏无聊的日子，若无节日可盼，该是多么残忍的事情。孤独、无聊、懵懂，看云卷云舒，听山风过耳，世界在远方，而我们身处某个被遗忘的角落里。在漫长的煎熬中，实在忍不住，问父亲："啥时候过节呀？"得到的通常是个白眼。儿之蜜糖，父之砒霜。但母亲则要温和得多。她知道，娃娃对节日的期盼，其实盼的不过是因节带来的吃和穿。如果家里方便，满足他们便是——以节日之名。

我知道人间有节，也是因为母亲。1983 年的清明，四川大凉山的某个旮旯里，一对母子在野外埋锅造饭。

她虽身为母亲，但脸上稚气未脱；我是儿子，赤脚，开裆，像个混沌的小皮球。春天在我们眼里，绿油油地铺开；山风和泉溪，在头顶和身旁流淌。一对母子，穿着涤卡布衣，像春天吐出的火焰。此前，我们从家里带出了锅、碗、瓢、盆、肉、盐、白菜，以及锄头与火柴。清明节，我们要在一片荒地上野炊。彼时正是人们忙于播种的时节，母亲种下的是一个节日名词。这是俯拾皆是的大地教学，关于传统、春天、祖先、血脉。火苗升起来。水沸腾起来。肉香飘向山野，万物垂涎三尺。

我们那天吃的是玉米饭、腊肉和白菜。在我们吃饭的时候，不远处的地里还有人在播种。他们不时抬头看一眼我和母亲。他们一定觉得，那个刚当母亲没几年的女人肯定是疯掉了，这大好的春光不用来种地，而是野炊?！种玉米才是正事，事关一家老小的温饱，玉米劳苦功高。我从小便知“墨西哥”玉米，但不知道“墨西哥”是一个国家。长大以后，我读到《玉米人》，视阿斯图里亚斯为亲人。

所以，那么多年过去，每到清明，我想到的都是野炊，而不是上坟。想想吧，天空碧蓝如洗，柳树站在岸边，春光灿烂，就该去踏青、远足、放风筝、野炊。一些事物蠢蠢欲动，新生，在看见或看不见的地方。天朗气清，春和景明，是为清明。

清明体现着孝道文化。《尔雅》有言："善事父母为孝。"《说文解字》进一步给出解释："善事父母者，从老省、从子，子承老也。"何谓传承？一代人做给一代人看。屋檐水点点滴，滴滴无差异。这是中国人的敬畏心，推己及人，设身处地。

清明这枚硬币，一面是"人间四月芳菲尽，山寺桃花始盛开"，一面是"清明时节雨纷纷，路上行人欲断魂"；一面是"春光无限好"，一面是"十年生死两茫茫"。至于哪一面是真正的清明，并不重要。事物的一体两面，清明的硬币转动起来，哪一面朝上，都是节日该有的样子。

在我故乡，清明扫墓，用的是白色坟飘纸。此举叫挂青——不是挂"清"（清明）或挂"亲"（亲人）。从字面意义上看，"清"和"亲"似乎更妥，其实不然。挂青，挂的是满世界的青色，哀思里有诗意。兹事体大，这是衡量一座坟茔是否有后的标准。我儿时听民间唱词，关于清明，他们唱的是“有儿坟上飘白纸，无儿坟上草长青”。

那时乡村没有公墓。人本是尘土，仍要归于尘土，群山是最好的归宿。人们行走在山林里，总能遇见坟茔。坟茔的高矮与新旧，决定了它的威严程度。那些又矮又旧，没有飘纸的坟，是无后的，吓不到人；而那些高大的，崭新的，白色绵纸猎猎作响的坟，则要离它远点，别去冒犯，小心头痛欲裂或浑身无力。

所以，活在世间的人们，如果不想被认为无后，一定要在清明时节回乡祭祖。传统的接力棒，握在老人手上。比如我的父亲，即便如今他身居重庆，仍要在每年的清明坐长途大巴回凉山挂青。这事不能别人代替吗？当然不能。这是宣告和证明，是为人世的操劳寻找答案——养儿不光防老无所依，也防死后成孤魂野鬼。

于是，我们看到了这样的景象：每到清明时节，人们天南海北回乡，只为扫墓。其时，山间鞭炮声回荡，坟头白纸飘扬。少时不知清明意，知意已不再少年。一些往事被提及，关于逝者；一些未来不能言说，关于活着。生死之间，青烟袅袅，流水潺潺。谁也不敢轻慢清明，它属于我们每一个人。我们都会死去，都有独面青山之时。

清明，事关生死。“悠悠生死别经年，魂魄不曾来入梦。”我们以人间的情意，慰逝者之灵。果蔬、甜点、纸钱、烟酒……想象地下的世界，也如人间，需要朋友、亲人和牵挂。子曰：“未知生，焉知死？”可生命之所以珍贵，恰好是因为人们都会死去。

善待他人，包括逝者。这是对生命的基本尊重。活着，思考死亡，就像站在阳光下想象阴凉。一线之隔，一念之差。三十年河东，三十年河西。死亡不是灭寂，而是以另一种状态活着。甚至，依然保持着生前的血缘。这也再次证明：没有想象是凭空的。对死后的想象，依托的是生前的细节。所谓：生死相依。

清明，正是千百年来对中国人死亡思考的结果。它不光深情，也深刻。一年之中，活着的我们确实需要想想死亡。一种想象，一种预习。想象死亡，珍重活着。谨小慎微，毕恭毕敬，所谓礼仪之邦，就是要在细节上下足功夫。从这个意义上讲，清明是人间的活法之一。

若无清明会怎样？

答案：游子忘了归乡路。

乡村是中国传统的道场。那里盛放的不仅仅是某个人的回忆，还是一代代中国人共同的生活方式。如何处世？“己所不欲，勿施于人。”“重义轻利。”“君子周而不比，小人比而不周。”“君子和而不同，小人同而不和。”如何与鬼神处？ “子不语：怪，力，乱，神。”“敬鬼神而远之。”

如果往上数，你总能找到一个属于乡土的来源。你总能在乡村找到一座甚至几座坟茔，那是他们的生命痕迹之一。而另一个能证明你来过这世界的就是子孙。我们为什么要繁衍生息？对抗死亡。肉身可以腐朽，消亡，但血脉必须长留于世。

别忘了，人间有清明。

有清明，你就得跋山涉水回到出发地。回到过去，荒草丛生，或日新月异。遗忘之地，只在清明被提及。

我们和故土之间的隐形之线，在清明得以显现。

那是思乡之日。我们以深情的颤音，谈起遥远的故乡和往事，彼时，我们浑身长满触须。爱山川河流，爱花草树木，血缘早已植根大地。那是思亲之日。我们那些曾经像野花开满山岗的亲人，如今四散天涯，但谁也不会忘记我们的来路。

从母亲带我去野炊的那个清明算起，四十年已过。我从凉山到了昆明。每到年底，我就翻开日历，寻找来年的清明节。因为只有这个节日并不固定。像是将一只风筝系于春天，清明就那么被固定在心里。又像小时候一样，一遍遍念叨。人到中年，开始在意清明，别有一番滋味。给父母打电话，谈及清明节，拟定回乡的日程。是应该回去看看的。所谓的根，除了内心的记忆，还有大地上的坟茔。

当我们谈及清明，就是在谈根源。我们从哪里来？这不是一个哲学问题，而是一种朴素的怀念。想起电影《寻梦环游记》带给我们的启示：死亡并不是消失，遗忘才是。想起那时我带孩子去看这部电影，小家伙坐在我身边默默流泪。

当我们记起（以清明之名），其实也是在遗忘。在时间的长河里，祖先们像水中的石头，沉默，隐忍，承载、托举着后人。但你不妨试试，往上数，还能记住几代人？幸得人间有清明啊，我们才能点亮记忆之光，照见那片黑沉沉的遗忘之地。

如果你实在没法回乡，或者没乡可回，也没有关系。日子是悬挂在空中的太阳，光照下来，人已一视。我早年供职于都市类媒体，每到清明节或中元节，总是挖空心思做文章。仿佛那些应景之作，是进入另一个世界的通行证，胜过天地银行的冥币。特别是 2008 年以后，清明节被定为法定节假日，从小长假出行的交通状况，到城里的烧纸点有哪些，都是极好的民生话题。

在那几天，空气中总有一种气息。我曾试着捕捉那感觉：像是在春夏之交的晴天，远听山雨欲来，却终究不过是刮了一阵风。再具体一点说：空气中有一道无形的屏风。无形，是不具形，是想象中的样子。而想象，正是对人类视界的弥补。清明如屏。这屏，即使阻隔，也是通道。

所以，我向来对清明小心翼翼，不敢高声语，不在清明时节访友。天黑时，不让孩子下楼。若不回乡扫墓，也不想出去踏青，那就在家待着，感受古诗里的清明。

蚤是伤春梦雨天，可堪芳草更芊芊。内官初赐清明火，上相闲分白打钱。（韦庄《长安清明》）

帝里重清明，人心自愁思。车声上路合，柳色东城翠。（孟浩然《清明即事》）

好风胧月清明夜，碧砌红轩刺史家。独绕回廊行复歇，遥听弦管暗看花。（白居易《清明夜》）

清娥画扇中，春树郁金红。出犯繁花露，归穿弱柳风。（温庭筠《清明日》）

……

太多了。不胜枚举。太阳底下无新事。关键的不是新，而是有。有是一种标尺，作为人对万物的感受标准。“感时花溅泪，恨别鸟惊心。”

大概从三十岁开始，知道了时日珍贵。生命中的每一天，都独一无二。而节日，便是这有限生命的刻度。比如我曾经写下这样的句子：“在第四十八个清明节，他决定离开。”这不是杜撰，写的是一个邻居。他在自己四十八岁的那个清明节，从凉山来到昆明，住进一家小旅馆，喝下一瓶白酒，又提一瓶啤酒在手，沿着铁轨向前走。前方是哪里，他未必知道。但他在醉眼蒙胧中看见前方铁路边有个飞檐凉亭。他走过去，坐下。他在想什么？无外乎是大半生的凉山时光。爱喝酒、打牌，醉了，输了，魔鬼乘虚而入。身边沉默的女人终是无法忍受，在孩子成年后选择逃离到了昆明的小工厂。他变卖了家产，追到昆明。见到老婆和孩子，等待他的无非是抱怨和责怪。那是他一生中最绝望的一天。他没有了继续活下去的勇气。他选择在这一天离开，用的是手中的啤酒瓶。他的长子哭着给我打电话。我赶到时，人已进了殡仪馆。

还能说什么呢？这是他的选择，无论是离开方式，还是日期。我们只能再一次说起人间，说起清明。我们说，人间珍贵，节日珍贵。对节日，我们要心心念念，而非视而不见。节日的光笼罩万物，而万物理应还之以光。世界，日子，正是心灵之光的汇聚。

他选择在这一天离去，并不孤独。因为有祖先牵着他的手回家。

风吹旷野

乔　叶

1

一年一度，已经记不清多少次，在清明时节，我们兄弟姐妹几个去上坟。我们走在梨花、苹果花和白杨树掩映着的乡间道路上，走进翠色茵茵的麦田中间，踩着松软的土地，走到坟前。此时的我常常会有些恍惚。蚂蚁在脚下爬来爬去，小蚊在身边嘤咛有声，鹅黄淡绿的浅草在坟茔上轻盈作舞……它们都在活着，而我的亲人们，就静静地在这里安息。

我们先在最顶端的坟头站定——这里安息的是辈分最高的祖先，我们用树枝画个圆圈，摆上供品，再烧纸钱。做过太多次了，我们对这一套程序相当熟悉。

祭品一向都准备得很丰厚。比如一整只道口烧鸡，一大份口福居的红烧肉，一大包好利来蛋糕，香蕉、苹果、梨、橘子四样水果，纸制的长袍、短褂、西装、旗袍、床单、被罩等，应有尽有。还有品种齐全的冥钞："美金""欧元""人民币"，整钞都是亿元大钞，零钞也都是一百元起。当然少不了最经典的金元宝和银元宝。

烧纸时一定要画圆圈，把纸钱烧在圆圈里。在坟前的公共道路上也得烧点儿，意为给孤魂野鬼们一点儿零花。纸钱一定要烧净烧透，不然到那边就是残币，花不了。把供品摆好，点燃了烧纸，便开始絮叨。老规矩是不能烧哑纸，不然地下的人听不到。这时候的说话不叫说话，叫愿语。愿语的内容除了报告自己的近况，还要祈求他们保佑这边的日子一切顺遂。

奶奶在世时，我和她就“愿语”的问题如此探讨过：

“为啥要‘愿语’？”

“那边没啥事，他们或许在睡觉呢，或许在串门呢，你一声不吭，谁知道你来了？”

“为啥非得画圆圈？”

“圆圈的意思就是描个盆，好装钱。你要不想画圈，下回带个盆来。”

“这纸钱到那边真能花？”

“要是不能花，世世代代弄这干啥？”

“祖宗们真能保佑咱们？”

“那还用说。”

“他们要是那么能，为啥不在那边自己造钱花？还得咱们这边给他们送？”

“你这闺女就这点儿最闹人，连环问，问连环，不沾弦儿的话，咋就那么多？！”

我把这些对话一五一十地写进了小说《宝水》里。

不知道从什么时候开始，清明上坟的时候，都有戴着红袖标的防火人员远远地看管着，不允许有烟雾升腾。甚至早几天就有人盯着了。因为老规矩是“早清明，晚十一”，清明节兴往早里提。人们如果不想赶那两天的高峰，或者想趁着方便的时候——比如我那几天正好回老家办事，就可以早些天去上坟。十月初一送寒衣呢，则尽可能往迟里推。我很好奇这个规矩是啥讲究，问了好几个人才知道，这遵循的是“春捂秋冻”的原则，阴间也照着这个理儿。先人们置春衣早，置冬衣迟，送钱也兴一早一迟。

2

上过了坟，我们一般会一起吃饭。多少年来，一代代人都会重复这种情形：在亲人墓前祭拜完毕，擦干眼泪便娱乐去。插柳、踏青、看花、蹴鞠、斗草、放风筝、荡秋千……逝者安息，生者欢聚。生死并置之时，既慎终追远，也豁达享乐。所谓“清明时节雨纷纷，路上行人欲断魂”，然后便是“借问酒家何处有？牧童遥指杏花村”。正是诗证。

我也很喜欢白居易的这首《寒食野望吟》：

丘墟郭门外，寒食谁家哭？

风吹旷野纸钱飞，古墓累累春草绿。

棠梨花映白杨树，尽是死生离别处。

冥寞重泉哭不闻，萧萧暮雨人归去。

有时候，我们也会在杨庄村的小饭店吃饭。村子因为离城市近，现在已经很有城乡接合部的气息了。临路的房子都租了出去，经营着各种门店：小霞美容美发，福满多家政，擦玻璃专家，小成盲人按摩店，舒泰拔罐足疗，油酥烧饼，五谷豆浆，加工蛋糕、蛋卷、月饼、喜鹊（喜鹊应该是喜鹊状的蛋糕）。还有简明扼要的康姥姥疼三贴——看这个招牌就可进行大致不差的推算：三贴膏药就有效，坐诊的中医姓康。

阳光和煦，我们在外面吃饭。因为久不回来，遇见人便要打招呼：

“回来啦？”

“回来啦。”

“都多少年不见了！走在街上都不敢认了！”

我笑。

“可得多住几天!”

“嗯!”我点头。

就是这样：小的长大了，年轻的变老了，瘦的变胖了，胖的更胖了，熟的显生了，亲的变远了，原本就远的基本就不认识了。果真是“少小离家老大回，乡音无改鬓毛衰”啊。

3

吃过了午饭，没有别的什么事，我们也便去玩一玩，很多次的选择是进山，因为离山太近了，开车不过半小时就能到。也不是漫无目的，多少总会找点儿事做。我们常做的事之一——摘树头菜。

暮春时节，北方的树木正是最娇嫩的时候，满眼都是清新的浅绿。一到这时候，就该吃树头菜了。榆钱、槐花、杨叶、柳芽、桑叶、香椿芽……这些都是树头菜。树头菜的季节性极强，所以务必趁鲜采食，初步热处理也要恰当用火，一旦老过，便会失味。

我姐姐和嫂子都有一手好厨艺，会换着花样做槐花：槐花淘净去水后撒上盐，淋点儿香油和花椒水拌匀即成。这样的槐花看起来粉白细绿，吃起来口感清甜。还有油煎槐花：槐花淘净去水后拌上点儿面粉，然后在平底锅里放小半锅油，油沸后关掉火，让油稍微冷却一下，把拌了面的槐花拍成巴掌大的饼子，在油里煎。煎黄一面后，开小火煎另一面。两面都煎黄，捞出来控油，如此煎完所有饼子，最后把煎好的槐花饼全放进锅里，添汤，撒盐，淋醋，盖紧锅盖，小火焖煮。这样做出的槐花软香可口，有极浓的鱼香味儿。

当然，在我们豫北，最经典的槐花做法还是清蒸：槐花淘净，去水，放盐，拌上一点儿面粉，大火蒸熟，浇上一点儿麻油和辣椒油，搅匀即成。说来很简单，但其实极微妙。我做过多次，都不成。尤其是拌上一点儿面粉的这个“一点儿”，拌得好，槐花才能朵朵裹面，粒粒分明。我呢，不是多一点儿就是少一点儿。曾问姐姐这到底是怎么样的分寸，等她三言两语说完，我便知道问也是白问。中国菜下料全凭经验和感觉，最不好说的就是分寸。也许，我也只能在配酒这方面给点儿建议。什么样的做法喝什么样的酒，我还是略微知道些的：沙拉适合配啤酒，油煎适合配白酒，清蒸最好不配酒。

树头菜也分层级。所有的树头菜中，最值得推崇的莫过于香椿芽。椿树又有香椿、臭椿之分，古人把香椿称“椿”，臭椿则称“樗”。香椿一般在清明前后发芽，谷雨前后采其头茬肥嫩芽叶，无论是熟食、凉拌、腌菜均可，味道好，营养高，厨师行内把它称为“小八珍”之一。清代《调鼎集》卷七蔬部就记载了“柚椿”“椿头油”“椿芽拌豆腐”“熏椿”“腌香椿”“干香椿扎墩梅”等多种做法。明代高濂在《遵生八笺》中还有干制储存的方法：“采头芽，汤焯，少加盐，晒干，可留年余。”

什么是民以食为天？这就是了。一把入口的青菜，要讲究起来，那也是不得了了。

此时到处都是柳色茵茵，柳芽正是最嫩的时候，于是也顺手掐一点儿柳芽。柳芽做菜自然也好。把嫩柳芽用水氽熟淘凉，挤净水分，加蒜泥、香油、醋汁调拌，就是上好的小菜，或用来下酒，或用来配粥，无不相宜。李白有诗“柳色黄金嫩，梨花白雪香”，说的就是柳芽。不过柳芽是不易消化之物，又性味苦寒，不可以一次食用过多。

就这么且行且摘，且摘且聊，就又到了吃饭的时候，那便又去吃饭。此时的心思真是单纯至极，仿佛回到了童年。

4

曾经有一年清明将至，我没有回去，也没有去十字路口烧纸。我想用一个特别的方式来过这个节。那天晨起之后，我拔了电话线，关了手机，洗手，净面，在一尘不染的地板上跪下，朝家乡的方向磕过头，在心里默默地对祖先们说：“跟我走吧。”

跟我去踏青。刚萌的树叶清新碧绿，初绽的各色花朵鲜妍明媚，解冻的水面上鸭群自在嬉戏……我不是一个人在看。我知道，我的眼睛，传承着所有祖先的眼睛，我正带着他们所有人的眼睛在看。

跟我去美餐。避风塘经典奶茶，哈根达斯双色冰淇淋，好利来慕斯蛋糕，萧记烩面，逍遥镇胡辣汤……都是最俗常的美食，是我爱吃的，所以我想他们也爱吃。我不是一个人在吃。我知道，我的味蕾，传承着所有祖先的味蕾，我正带着他们所有的味蕾在品。

跟我去逛街。最酷炫的苹果手机，最时尚的佳能单反相机，最新款的海澜之家男装和达芙妮女鞋，还有宜家的贴心家具——储物柜、灯具、抱枕、转角沙发、床头桌；当然也不能错过国美和苏宁里面的精致小家电——足浴盆、吸尘器、取暖器、扫地机、微波炉、压力锅……作为最俗常的世人，我爱逛这些。我知道我的祖先们也一定喜欢这些，因为我的那些亲爱的祖先啊，他们也都是最俗常的世人。

——走着走着，我累了。那就坐在河边，和他们在心里默默地说话："你们好吗？应该很好吧。因为我是这么好。血管里流着你们的血的我，是这么好。"

"你们想念我吗？一定想念着。因为血管里流着你们的血的我，是这么想念你们……”

这个清明节，天清地明。在这花团锦簇喧喧嚷嚷的热闹世界，我一个人，和我隐形的祖先们在一起就这么过节，安恬惬意，心清神明。直至夕阳西下，一日将逝，温暖短暂如春天。

5

自从我几年前到了北京，不知不觉间回老家的次数就很少了。后来我定居在了通州，发现但凡到了清明、中元和十月初一，小区旁边的十字路口一定有人烧纸。第二天早上路过路口，一定会看见地面上留着一团团的黑色印迹。想来是纸钱的灰烬已经被环卫工人扫走了，或是被风吹散了。

去年临近清明节的时候，路口立了三个铁皮桶。我一看就很会意：是让人在这桶里烧纸，免得灰烬乱飞。晚上我到了这个十字路口，却发现人们还是将纸烧在了铁桶外。有一对老夫妇已经烧完了，老爷子在旁边抽烟。我问老太太：“以前有过铁皮桶吗？”老太太说：

“从来没有过。”说城管原来是到处撵人的，后来不撵了。没想到今年弄了个设备。

我笑。看来这铁皮桶的设立表明着官方意志开始依着民间习俗顺流而为。

大约是看我有些犹豫，老太太便很贴心地指教：“别在这里头烧。各家的钱混在一块儿，咱们老人能分清谁家是谁家的？”

“就是。”老爷子说，“还有过路的孤鬼们，也趁势来抓一把走，那咋办？”

他们描述的这情形似乎历历在目，十分真切。真可爱啊。

就想起乡间上坟的规矩：平白无故去给别人家上坟，这可是大忌讳。听说前些年别的村为这事还打过官司。两家平日里交情不错，坟地也离得近，早上坟的这家孩子长年在外上学，上过了自家坟后，看袋子里的纸钱还留了一些，就走了几步给那家坟地也烧了一些。那家来人看到了大恼，说你这是咒我家没后吗，欺负人啊。这边傻小子还觉得自己在做好事儿呢。后来乡里的司法所好一阵子调解，还是傻小子给人家道了歉，这边才撤了诉。

每当想起这个事，我都想笑，觉得这傻小子真是可爱。同时又会不自觉地想起爷爷。爷爷早早就参了军，打了很多次胜仗。在新中国成立后的第一年，他在解放大西南的一仗里中枪而亡，和几个战友一起被埋在白水河边的一棵树下。那时我父亲还年幼，没有条件出门寻觅。等到他成年之后，也曾根据辗转而来的信息山水迢迢地去那些传说中的地方找过，终是无果。因此我老家的祖坟里，放着的一直是爷爷的衣冠。清明时节，会有人给他烧纸吗？多么希望会有啊。

这个念头在我心中存了很久。直到有一年，这个念头在云南腾冲的国殇墓园得到了遥远的回响。国殇墓园的主体是小团坡，小团坡是由抗战烈士的墓碑堆起来的。天很晴朗，白云很低，小团坡很矮。我沿着台阶向上走的时候，很小心。我慢慢地走着，不敢大口呼吸。走了很久，才走到坡顶，我驻足环望：四面八方，全都是墓碑，全都是。当地陪我们同去的朋友说，每到清明、中元这些节日，当地的人们都会自发来给烈士们上坟。用老百姓们很朴素的话来说就是：孩子们都是为了国家打仗死的，殉的是大义。既然埋在了咱们这里，那就是咱们的人了。也吃不着咱的，也喝不着咱的，咱给自家上坟时顺手也给他们烧送点儿钱，叫他们在那边也有个花销。这还不能吗？

这话让我默默地哭了一会儿。

也就是这次经历让我对爷爷的事在心里彻底踏实了下来。我想，应该是会有人给他上坟的，在我不知道的地方。

清明的齿轮

李元胜

在需要用一句话进行自我介绍的时候，我总是称自己是“地球上最喜欢蝴蝶的诗人”，而且，没有加“之一”。

2000年，在贵州荔波的小七孔景区游玩，和同伴们坐在休息区喝茶，突然见远处石壁上蓝光闪烁，仿佛电焊时产生的幽蓝光，心中诧异，不禁走过去察看，却是一只翅膀略残的蝴蝶安静地停在石壁上。

光线太暗，打开闪光，按下快门，我拍下了人生的第一张蝴蝶照片。仔细看，它和我经常见到的蝴蝶很不一样，很好奇它叫什么名字，为什么会发出蓝光。

一连好几年，在我能打听的范围内，没有人认识它。在这个过程中，我购买并阅读了能搜罗到的所有蝴蝶图鉴，终于在其中一本上查到了它的名字：紫斑环蝶。

这种蝴蝶翅膀的正面有醒目的色斑，由于是结构色，只在某些角度下才会呈现出耀眼的蓝色，所以飞动时它的蓝光会闪烁不定。

正是在打破砂锅问到底查询此蝶的过程中，我逐渐发现了蝴蝶的迷人之处，开始了我与蝴蝶的漫长缘分。

我所居住的重庆，冬天是很难见到蝴蝶的，自从喜欢上蝴蝶后，我对春天就有了双重的盼望：一来摆脱笨重的冬衣进入温暖的季节，二来终于可以上山观蝶了。

2004 年 4 月初，我在重庆南山上的菜地边缘发现一只个头很小的粉蝶，它不停地飞动着，扇动的翅膀似乎与常见到的两种菜粉蝶有所不同，前翅比较尖，而且正面翅尖上有黄色斑，后翅反面则有好看的绿色斑纹，像在翅上绣了一个复杂的水系。它太活泼，基本不停，我没能拍到高清照片。不过名字倒是很快查到：黄尖襟粉蝶。

次年，为了有更多观察时间，我提前到 3 月下旬上山，果然又看到了黄尖襟粉蝶，天阴，还是没拍好。因为出差，过了两周，才再次上山寻找，此蝶已无踪影，我看到的粉蝶多数是东方菜粉蝶了。

不过有了别的发现。我观察到一种尾突长长的凤蝶，一身水墨纹的白衣，非常潇洒。次日继续上山寻蝶，又发现了一种黑色蝴蝶，很像斑蝶。请教朋友后才知道它们分别是铁木剑凤蝶和小黑斑凤蝶，居然两种都是凤蝶。后者拟态有毒的斑蝶为获得更大的生存机会而扔掉了好看的尾突。

它们和黄尖襟粉蝶一样，都是一年一代的早春蝴蝶，错过就只有来年相见了。

当时有一个遗憾，同为早春蝴蝶，羽化却有明显的先后，要是能在同一天见到三种蝴蝶，该是多么美好的事情。

几年后的一天，还是在重庆南山。我还记得那个上午的场景：开着花的大葱、萝卜，而比菜地高一些的坡上，白花醉鱼草正迎风怒放。重庆早春的三种蝴蝶，竟然第一次同时出现在我眼前：小黑斑凤蝶在大葱花上来回摆动身体；黄尖襟粉蝶在萝卜花上空来回巡飞；而最惊艳的，还是拖着长长尾巴的铁木剑凤蝶，它们数量众多，围绕着白花醉鱼草的花穗子上下翩飞，空中全是它们好看的尾巴。

今天是什么日子呀？当时有点蒙，赶紧打开手机查了下，正是清明节。黄尖襟粉蝶出得最早，小黑斑凤蝶出得最晚，但是三种蝴蝶会在清明节这一天聚齐。

那天，我举着相机来回跑，拍到手都酸软了，仍然不舍得停下。这时，我才发现身边多了一位提着剪刀的老者。他微笑着看我忙来忙去，看来已经到了很久。

见我开始收拾东西，他才说：“你要是不拍了，我就剪花，明天要卖的。”原来他是菜地的主人，要把白花醉鱼草剪去卖钱。

“大爷，你能不能留一棵不剪呀?”我想都没想，很不礼貌地脱口而出。

“你还要来拍蝴蝶吗，那我留一半。”他随口回答道。

自此，连续几个清明节，我都会来看蝴蝶。有时，我连相机都不带，只是匆匆赶来，呆呆地看一阵。有时，我也会带朋友们来看，必须是信得过的不会声张的朋友。我怕人一多，那块菜地就被夷为平地了。

我再也没有碰到过那位老者。但是，就算是我到晚了，季节过了，也不再有黄尖襟粉蝶、铁木剑凤蝶，只剩了一两只残破的小黑斑凤蝶，那一丛白花醉鱼草，仍会有一半花穗子在枝头上慢慢枯萎。

自此，清明节成了我心中季节转换的标点、每年上山观蝶的起点，时间的齿轮越来越像会在这一天前后加速转动。

为什么那天掏出手机查看日历，看到的是清明节，而不是公历 4 月某日？田野调查、观察物候多年的人，都会发现一个规律：以农历来标记中国每年的植物开花、蝴蝶出现，会比公历准确、好用得多。

清明节恰处春暖花开时，因而被古人视为最佳踏青时节。“梨花风起正清明，游子寻春半出城。日暮笙歌收拾去，万株杨柳属流莺。”南宋才子吴惟信《苏堤清明即事》所写的，正是唐宋以来的倾城踏青盛事。

很多年里，在我心目中，清明节就是这样的踏青节、郊游节，庆祝蝴蝶们在大地上的回归。至于祭拜亲人的主题，好像没那么重要，和我关联甚小。

2016 年深秋开始，我遭遇到最艰难的一个冬天和春天：大病初愈的父亲，经历短暂的恢复，夏天还能和我们一起外出赏荷，到深秋却突然重回病榻，而且再也没能出院。

次年早春，父亲的离去成为我人生的低谷，仿佛有一块巨大的石头压在心上，读什么书都麻木。挣扎着到野外去行走，看到什么也同样麻木。不管我坐在书房中，还是行走在小溪边，都会不由自主地怔怔出神，人好像无法摆脱被那块巨大石头笼罩的阴影。

没有了好奇心，没有了读书读到火花四溅时的惊喜，没有了寻找陌生物种的冲动，处在一种类似抑郁的状态中。世界还和之前一样，但是我行走其间，那些好奇而敏感的触角都被折叠起来，只剩下麻木。

一天清晨，有电话打进来通知当日下午的活动延期，顺便查看日历，才发现是清明节。之前几年，在清明节到来之前，我都早早做好上山考察的计划了。

反正总得往前走吧，我强打精神在心里对自己说。早餐后立即打开电脑，查看这个时间点的考察记录，发现有一年清明节后一周，曾去过重庆巴南区的一处荒山之巅，有一株常春油麻藤刚过花期，一地落花十分壮观，当时就想，如果早几天来就好了。

常春油麻藤是一种很有意思的植物，花簇直接开在老茎上，每一朵花都像在空中微微展翅的紫色小鸟。此藤生命力极强，重庆野外常见，但那一株却不寻常，茎的直径在 20 厘米以上，落花的数量至少 500 朵，很让人期待它在繁花期的样子。

迅速整理好装备，驾车就走。车开出小区，刚才稀疏的毛毛雨竟变成了中雨，反正准备了雨具，我没有任何犹豫，继续向着高速入口开去。

在一个农家乐的院子停好车，订了个午餐，背上双肩包，打着伞，从他家门口的小路慢慢往山上走。

过小桥时，发现雨已经停了，空气中似乎有一种尖锐而清新的气味。使劲吸气入肺，凉凉的好舒服，于是有兴趣查看一下是什么植物。刚开始我以为是川滇香薷，重庆人称木姜菜，这个命名意味着其香味类似于木姜子——一种樟科植物的种子。

很快，就发现自己错了。石阶上，有留兰香薄荷的枝叶，有新鲜的带泥土的鞋印，应该是有人在这里整理过刚采摘的收获。顺着被踩出的小路看过去，果然看到一簇簇留兰香薄荷。

重庆常见的薄荷有两种：土薄荷、留兰香薄荷。前者叶片薄而尖，适合泡水喝；后者叶子皱皱的，叶脉如网格，适合用来做烧鱼或吃豆花时的调料。咦，会不会是我订餐的农家乐员工采摘的？我恰好也订了豆花。这样一想，就有点期待。

我父亲是川南泸州叙永人，川南人对香料植物有天然的喜爱。当地盛产木姜子，于是有更方便使用的特产木姜油。受父亲影响，我家里至今常备产自叙永的木姜油。留兰香薄荷，父亲做鱼、吃豆花时也爱用，且使用频率远远超过多数重庆人。他和我们一起游历云南西双版纳后，对当地的香茅格外钟情，后来有机会就在家里阳台上种下，居然活了，继而分出种苗让我也种。香茅的生命力远超我的想象，在我的屋顶花园长势惊人，严重挤压了其他花木的空间。想到是父亲育的苗，还是划出一个角落保留至今。

思绪纷飞中，已经走过平缓的山脚和山腰，石阶变得窄而陡峭，犹如又湿又滑的登云梯。我知道自己这一段时间比较恍惚，有次在溪边散步连续两次踩滑，好在有惊无险，于是格外小心前行。

路过一处悬崖的边缘，看到一些绿色的花，很是奇异。仔细一看，原来不是花，而是小木通刚结出的果荚，小木通是本地最常见的野生铁线莲，花开的时候宛如积雪飞上树顶，算是早春一景。眼前正是小木通尴尬的过渡阶段，这种植物开花好看，果实老熟后银丝飞舞也很好看。想到一路走上来，还没拍什么照片，就取出相机，记录小木通的绿色果荚。

奇迹就是在这时出现的，在我眼角的余光里，似乎有一小片阳光落到了手背上，痒痒的，好像是阳光碎片长出小脚爬了起来。确实，不知什么时候，透过云层，巨大的光柱从我头顶斜插向下面的山谷。但我手背上的阳光碎片，肯定和空中的光线不同。

稳定保持着手臂纹丝不动，缓慢地把紧贴着相机的脸慢慢转过来。正如我所预料到的，手背上是一只小小的灰蝶。我手背特别容易出汗，经常有蝶落到上面吸汗，但在如此雨后初晴的春天还是第一次。

没法拍摄，因为它落脚的地方正是我举着相机的手，交换相机的动作多半会把它惊飞。我全身一动不动，享受着这个近距离观察蝴蝶的时光。它的喙像一根迷你拖把，在我手背上不停地抹来抹去，一定有看不见的微粒顺着那根管道上升成为它的能量。

小灰蝶在我的手背上继续移动着，跳动着，有如在跳一曲随心所欲的探戈。看着，看着，短短的几分钟里，仿佛身体深处有沉睡已久的事物被唤醒，那块压在心上的巨大岩石像被什么凿出了孔洞，有些松动了，我感觉到了一丝久违的轻松。

还有很多蝴蝶等着我去观察，还有很多野花等着我去记录，还有渴望涉足的空中的鸟、水里的鱼等神秘的族群，它们同样经历过无数艰难的冬天和春天，而生命深处的欢乐和美还在，而且，还会永远持续。

小灰蝶飞走了，我继续往上，隐隐约约感到清明这一天又有齿轮在暗中转动——不仅仅是季节的转换，它还能带动更多的开合、重启，有看不见的门窗在打开，有更多的道路在浓雾中露出轮廓……至少，对我是这样。

重新开始登山，穿过有点阴暗的松林，当我重新出现在阳光下时，已身处山巅。准确地说，这是一座小山的峰刃处，几块巨石和它们之间的空地，全部被一株常春油麻藤占据，眼前的景象，比我想象的更震撼。伤痕累累的苍劲老藤犹如飞龙腾空而起，盘旋而上。只是，眼前的飞龙是一条挂满鲜花的飞龙。

我庆幸自己选择了在清明节冒雨出行，庆幸计划参加的那个活动临时顺延，如果没有这一天的徒步访花，要走出那个艰难的春天，一定会有更为漫长的路。

又是一个清明节，这一次，我身处云南勐海的布朗山。这是旱季的尾声，阳光灿烂，正是观赏蝶群的最佳时节。我一边往溪边走，一边想起了之前很多的清明节，很多转动的时间和命运的齿轮。

愿如心神得清明

肖　勤

正好有机会说说我爱的人，那光阴里模糊了容颜，只依稀记得笑容的人。

“清明”两个字，合在一起好看，干净透澈，分开也有它清朗而疏离的美，带点大彻大悟后的淡然。有点雨也不是问题，清明雨在杜牧看来是“清明时节雨纷纷，路上行人欲断魂”。但我始终觉得在一个万物生长的季节里，看待雨水这个问题不必如他写的那般凄凉，日子和心情还是要往前看，毕竟田野里无数生命正在蓬勃生长，细白鲜嫩的茅草根、浓香扑鼻的椿芽儿、懵头懵脑的小鸡仔，还有小溪里的白鹅儿……统统是好的。

何况还有满山飘飞的青，用一种别样的安宁告诉我们：怀念是一部分，新生和成长是另一部分，合在一起才是清明的意义。

感谢老祖宗的智慧和浪漫，为我们设计了二十四节气和若干传统节日，它们见证、陪伴、生发、弥漫在我们漫长的一生里，成为一个人行走在世上的完整印迹，且能延续至他故去多年以后的今天、明天。

小时候，节日对我们而言是懵懂的，因为你压根儿不明白那些或庄肃或隆重或喜庆的仪式到底代表着什么。少年时期则表现为一种无条件的顺从——长辈们在逐渐老去，他们对节日习俗固有的执着和坚持，如渐生的白发，流水一样的光阴带走他们的灵巧或矫健，这时候唯有顺从你才会略为心安。

比如清明，无论老幼，必然要结伴而行，去郊外看望逝去的亲人。在云贵高原，没有公墓之前，人们的清明祭祀等于一次踏青，是诗意的出行，因为亲人们的“家”都安在开满野花的山上、结着蓝紫色猫眼睛果子的林子里。春天的山路是蓬勃的，四处都是响声：草发芽是有声音的，折耳根开花也是，它们一朵朵嫩得像雪花，甜美地绽放；草丛里不时还有蚱蜢跳过脚背，嗒的一声，像一颗快乐的小子弹弹到你面前；长尾巴的三叉鸟学着凤凰的样子飞过树梢，哗啦啦扫过一丛丛枝条……这样的路走着走着，少年便变成了中年，最后变成长辈的模样。

总是经了岁月，才会发现那些融入日常生活的节日和仪式不仅是顺从和快乐。

更是念想。

是伤怀。

是生生不息的爱、陪伴和祝福。

我的老家在云贵高原偏北，俗称黔北，在大娄山南麓、乌江北岸，东北面是武陵山脉，典型的“开门见山”之地。所有的节日都与山水田野有关，过清明节在我们那里有个简单明了的说法，叫“上山”，亲人逝去安葬，也叫“上山”，山养大我们，也接纳最终归去的我们。

清明节上山有很多事要做，最重要的是清理坟地和挂青。

母亲去世得早，三十多年前，几位陌生的管事老人带着十七岁的我用三个响头和一笔钱在城郊山上换来一处荒地，长宽各十来米，没有庄稼，乱石间长满了茅草和葛藤，还有自由散漫的野菊花，算不上风水宝地，但对于母亲来说，它荒芜坚硬的质地正好弥补了她一生的缺隘——母亲是个循规蹈矩的人，生性温良，从不与人争执。我念初中的时候，她想给父亲打一件毛衣。父亲身材魁梧，需要用长毛衣针，母亲削了好几天竹子，才削出四根又细又长的毛衣针，又插在米缸里来回磨了很久才磨出一副又滑又润的竹毛衣针，丝毫不挂毛，结果还没开始用就被邻居借去，还回来时毛衣针全给折断了。邻居理直气壮地说，她打小孩毛衣，针太长不顺手，就折去了一截。母亲默默接过，叹了口气，什么也没说。

我很生气，想去理论，母亲却拦住我说："我们不是当地人，没有跟人家理论的底气。"

我问父亲什么叫底气，拳头还是嘴？

父亲说："地是人的底气，当地人当地人，有地的人就是当地人。"

如今母亲终于算是"当地人"了，这块地，是母亲的底气，也是我们的。

母亲走后的第二年清明，我开始喜欢上这块乱石嶙峋的地方，它在城郊半山，正对着县城。坐在母亲墓前，隐约可以看到她教过书的学校，远山笼在雾霭中，从丛山峦如海浪重叠，一浪一浪直向天际，有一种坐看云卷云舒的感觉。

小县城的人性格粗粝简单，亲人去世时该哭时哭，哭完后各自忙着营生，该笑又笑。来年清明上山时整个家族齐聚出发，浩浩荡荡说笑打闹，从不怕亲人生气。上山时，男女老幼各有分工，老人负责给幼小的孙辈讲述家族历史渊源、姓氏由来，岔路上遇到熟人打招呼，告诉娃娃这家是堂亲，那家是表亲，谁家和我们已经出了五服，还有谁家和谁家开了姻亲，不能乱喊……这些弯里绕去的关系对于孩子来说很是神秘有趣，尤其是以前叫哥哥姐姐或者叔叔的人突然倒过来恭顺地叫自己一声叔或姨，简直不要太兴奋，也不要爷爷奶奶抱了，挣着下地自己走，生怕当了长辈被人轻看。山路曲折，小县城的族亲友网在这个热闹的节日里得以完整展现，再过十年二十年人们在山路上遇见，故人重逢，当年的细娃长大成人后便会摸索着老人们当年讲述的细节，枝枝丫丫理出互相之间正确的称谓，无论对方家族如何开枝散叶，认识或不认识，一根烟的工夫，姻的、族的、表的、堂的，很快弄得清清楚楚。我们一家是异乡人，没有这些甜蜜的烦恼，我们所有的家人都是“亲”的，亲得简单而饱满。

有了老人照顾娃娃，男人们腾出手负责拿镰刀和锄头，少年则去砍竹枝和柴棍，女人负责买青。

青是一束束长条形的白色布条或白纸，用剪拉花的方式剪成各种各样大大小小的拉花，也有讲究的，将青粘成圆形，远看像灯笼和花篮。青买来后，须得用细长的竹竿或柴棍挂着，插在坟头上，风大的时候，它们会像旌旗一样展开，当满山都飘起青时，风抚四野，它们是那样热闹、壮丽，让你忍不住热泪盈眶。老人们会比谁家坟头的青多，以此评判谁家的子女更孝顺。谁要是当了官发了财搬离故地，清明不回家给父母长辈挂青，让坟头空着，在小城是会被唾弃的。

在很多诗词中，清明是凄清、庄严、肃穆的。曾子曰："慎终追远。"但清明节在黔北，也许是大山的缘故，人们对待生死和故人的态度多了份豁达爽朗，去的去了，活的好好活着便是，这种态度影响了青，它们一束束一团团迎风飘扬，拉花形成的波纹铺满天空，像微风吹过湖面，有着波光粼粼的璀璨。

除了白色，也有彩纸剪成的青。黔北风俗说的好像是男挂花青、女挂素青，也或者是男挂素青、女挂花青，记不分明了，老一辈人离开得早，习俗中间缺失了不少口授的环节，这是一件遗憾的事情。

我和妹妹喜欢买素青——如果是男挂素，我们也算给母亲当了回儿子，可以帮她打架——她在天上听到这话一定会笑，笑完必定又会认真叮嘱我们要做好人，养成好脾气，不要争强好胜。她一向是个谨慎认真的人，不会开玩笑，不像我和妹妹整天天一句地一句的，不得当真。

从少年到中年，清明是每年春天最隆重的节日。妹妹住在老家，属于“驻地部队”，比较辛苦，会提前一天准备好水果、瓜子和糖。天气晴好的年份还会去县城里卤菜做得最好的那一家店铺买卤肉、卤鸡爪鸡翅和卤豆腐干，最后带上酒、酒杯、报纸和饮料，瓶瓶罐罐叮叮当当一大堆，一起盘到母亲那里。上山第一件事是清理坟前和坟头的杂草，再插上竹竿挂上青，絮絮叨叨地跟里面的母亲说话。妹妹嘴俏，喜欢告状和点黄。“点黄”也是老家的俗语，相当于亮他人丑的意思，有一回妹妹点我的黄，说我念高中时有天清早起来发神经，大唱“娘啊，儿死后，你要把儿埋在那大路旁，将儿的坟墓向东方，让儿再听一听洪湖的水，让儿再看看洪湖的浪昂昂昂……”，还没“昂”完，被老妈提着扫帚就是两扑扇，打得憨兮兮地满院子跑。

这笑话听一回大家笑一回，笑得眼泪流。他们笑他们的，我不在乎，我有我的小九九，只管十二分稳重诚恳地洒酒在地，汇报一年来的心得体会，最后留下一句总结——众晚辈后生唯我最优，母亲大人要多多保佑照顾。这样的厚脸皮自然引得众人七嘴八舌反对，生怕里面那个温厚的人儿听信谎言上当受骗，他们纷纷要求她明辨是非，把宠爱和护佑一一分配得当、安排到位。

坟墓本是母亲去世的证明，证明她早已与这个世界隔绝往来。结果一到清明节她却因它又活了回来，活成我们争风吃醋、她有求必应的样子。

我们没心没肺地在她面前嬉闹，怀什么念啊？都当是春游来了。

母亲喜欢烫卷发，20 世纪 90 年代小县城里理发店很少，烫一回头发需要花大半天时间，母亲要忙做饭，又要烫发，还要批改作业。于是每隔三个月，供销社守柜台的店员便会看到一个微胖的中年女人头上卷着无数细小的杠子，在洒满金色夕阳的大街上来来回回地跑……她热爱生活的样子是那么欢实可爱。母亲去世后，她坟头偏左的位置莫名长出了一棵细小的金银花藤，天然卷曲的藤蔓像一簇优雅的卷发刘海儿，很好看。每年我们到山上，大刀阔斧割掉坟头丛生的茅草后，都会慢下来，细心处理这根藤蔓，像理发师修剪卷发，生怕没弄好，她会生气。

清理完墓地，挂上洁白的青，便是最惬意的时候，风把青吹起，高高飘荡在空中，青有它独特的风韵，微雨或晴天，它都是宁静安详的模样。记忆里的清明大多是晴朗的天气，挂好青，我们会在坟前的空地上铺开报纸，拿出卤肉和酒，一人一个鸡腿，狼吞虎咽，全然没有妇道人家的贤淑样子，倒像武松和鲁智深，引得过路挂青的人家纷纷侧目，一边摇头叹息世风日下，一边又羡慕不已。

我们只管大口吃肉大口喝酒，由他们怎么想，只是喝酒吃肉时不忘传授秘诀给孩子，姥姥在世时卤的肉和豆腐比这家的还好吃，姥姥一般是先卤猪肉、猪肚，再卤鸡肉，最后卤豆腐。因为豆腐吃味，先卤会把卤料的好味道吸完，卤肉就不香了，而后卤豆腐会吸进去前面的肉香，让豆腐的味道更丰富。

渐渐地，奶声奶气唱歌给姥姥听的孩子们长大了，一起给母亲清理坟地的父亲也走了……清明上山挂青从一座坟变成了两座坟。

父亲在公墓，那里不便追思（主要是指吃肉喝酒）。我们自作主张，把父亲安排成副陪，清明时先去他那边看一眼，然后说道说道着带上他来母亲这里一起晒太阳，一起吃吃喝喝。日子这样一年年过着，似水流年，再后来封山育林了，母亲坟墓两旁的地里不再种玉米、胡豆和洋芋，都栽上了挺拔的杉树。随着山上的草和树一年比一年多，清明割草的工具也不得不走向现代化，于是节前的准备工作变得比以前慎重科学，一家人坐着研究是洒除草剂还是用电动割草机，突然孩子很严肃地发表意见，说："百草枯已经禁用，有卖的也不能买，姥姥知道你们不听话、不讲规矩会生气的。”

我忍不住嘀咕：“搞得好像你姥姥真在似的。”

孩子不高兴了，说道：“是谁告诉我们说生命中需要仪式感，才能让情感和爱得到延续，从我们还听不懂的时候就开始听你叨叨叨叨，下雨的天，跟着你们一步一个泥脚印上山去看姥姥，怎么现在自己老着老着反而不让人省心了，跟个孩子似的。”

“跟个孩子似的”，这话说的，气鼓鼓地打嘴仗。打着打着兀自感动得泪眼蒙眬。

祖先有灵，我儿大了。

吵嘴过后第二天上山，有很好的阳光，天地辽阔，春风吹过山岗，我提着一袋子吃的喝的站在母亲坟边上晒太阳，孩子提着镰刀弯腰除着草，满头是汗，我碎碎念说：“妈，我们来了，给你修头发、做面膜、梳妆打扮来了。”妹妹讥笑，点我的黄，说：“白吃白喝只知道耍嘴甜。”

我恬不知耻，就算母亲知道全都是幌子，我仅是奔着吃肉喝酒来的，她也会高兴。哪有当妈的不盼着娃好，有吃有喝就是好。再说，我没割草，我娃在割，他没见过他姥姥，但他对着坟墓说话、告状说我懒的样子，仿佛从小坐在姥姥腿上长大，跟他姥姥亲得不行。血脉亲情一旦有了清明、中秋、除夕的加持，它就活了，流淌了，生生不息了。

年年清明寻故人，青在清明舞，情在清明亲。节日是这样一种神奇的东西，它可以有，可以没有，你可以认，可以不认，可它超越生死和时光，连接起世代不灭的火种，这火种是爱和责任，是孩子给他从未见过的姥姥理发，是我在她面前撒娇卖乖，是妹妹在她面前念叨妹夫笨手笨脚。清明是天地间一张席地而坐的酒案，是一把高山流水弦起四野的古琴，哪怕你走过千山万山，只要回到老家的山上，挂一束青，便会放下千般委屈，涤尽万重尘埃，只留心神一片清明，笑看“冠者五六人，童子六七人，浴乎沂，风乎舞雩，咏而归”。

要活着，要快乐；要遗忘，要快乐；要记得，要快乐。是为忆，是为记，是为续。

清明双祭

李　浩

1

清明双祭。我在这里想要祭奠的，是我的姥姥姥爷。

先从姥爷说起吧。

我的姥爷是一个寡言少语的人，一个尽量保持着“轻微”、尽量不与“我们的”生活发生些关系的人，一个在漫长的日常中始终边缘的人，一个……我应该怎样定义他呢？说实话，他在“我们的”家庭中像极了模糊的影子，即使现在想起，我所能想起的关于他的一切也多是模糊的，他的身侧总是笼罩着一层淡然的灰色之雾，让我和我们……

他和我们不亲。不，这句话应当倒过来，我们和他不亲。

姥姥是改嫁过来的，带着我的母亲和大姨。她很不舍原来的那个家，在前夫进城换了老婆之后她依然没有离开家，跟着婆婆公公一起生活，直到他们先后死去，断了念想之后才……在我跟着姥姥生活的日子里，姥姥依然会跟我和弟弟反复地提及她的前夫，那个在天津当了大官的“那个死鬼”。最初的时候，我听姥姥反复提到“那个死鬼”以为她是在痛恨，而到了中年经历过一些人世沧桑之后才意识到其实不是，在这个痛恨的外壳的包裹之下是她的放不下，是不舍和爱。这也让她承受了太多的苦，让她与这个反差强烈的“木头人”更加不亲，何止是不亲，甚至还包含着清晰的鄙视。她的这种不亲也影响着我的母亲和大姨，以致也影响到我。是的，我与姥爷不亲，自我记事起，他就是“我们家”的外人，他不在我们的生活中，有的时候我甚至可以欺一欺他。

我是跟着姥姥姥爷一起长大的，但在小时候我一直只提姥姥家从来不提姥爷家，从来不提姥爷。甚至，因为姥姥和母亲，我竟然产生出姥爷才是“寄居”的那个，他不过是借宿在“我们家”的一个外人的想法，而且这种想法在漫长的生活中竟然根深蒂固……我记不起我是不是跟姥姥或者母亲表达过这样的想法，很可能我是说过的，但没有被纠正，至少是没有谁认真地纠正过我，没有谁要求我把姥爷当作家人来看待。仔细地想想，没有。现在想起来，我多想她们早早地纠正我啊！

姥爷当然知道我们与他不亲。即使他木讷，寡言，不识字，在家里、外面总受人欺侮，但亲还是不亲他还是能感受出来的。我不知道，他在什么时候就已经接受了生活的这副样子，反正从我记事起他就已经那样：我和弟弟、姥姥睡东屋的炕，他睡西屋的炕，这种分居生活从我记事起直到他死去没有一天的改变。早晨，天不亮，村子里的鸡还没叫，我的姥爷就已经索索地摸黑起来，索索地走到院子里，收拾好筐子、绳子和其他的用具，轻悄悄地拔开门闩走出去。许久之后，鸡才开始此起彼伏地叫；许久之后，天才开始缓缓地亮起来。

姥爷很少能和我们一起吃早饭，多数时候是我们吃过之后他才回来，背着一大筐埋住他身子的草。是的，我姥爷的身影在我的记忆里始终是模糊的，唯一清晰的是他把筐子放下去的动作：他得转身，让装满草的筐子倚住墙，然后慢慢蹲下去，等筐子的底落实了，再把两条胳膊从背筐的绳带中抽出。饭桌已经被收拾了起来，回来太晚的姥爷就自己掀开笼在饭碗和已经在变温的干粮上的苇罩，一个人静悄悄地吃着。有时，吃了早饭之后他会回到自己的屋里躺一会儿，时间不会太久；但多数的时候则是一吃完饭，他就重新在院子里收拾，把草平摊着晒开，然后再背上筐子走出家门。

在一天的时间里，我真正和姥爷打照面的时间主要集中在黄昏，而且一定是黄少昏多的昏暗时刻。他又背着一大筐柴草回来，重重的柴草使他看上去矮小而虚弱。姥姥在忙她的，我和弟弟在忙我们的，我的姥爷已经习惯了这种漠然，他重复那个卸下筐子的动作，然后一个人把柴草抽出——蓬松起来的柴草很快变成了一座小山，它们还在升高。我的姥爷就是背着这座小山走了近十里路，而更为奇妙的是，他竟然能把小山装进他的筐子里，将它们压实，仿佛只有放出来时体积的三分之一。

早出，晚归。我的姥爷很少待在家里，他总是一个人出去，然后背草回来，背粪回来，背玉米和谷穗回来，背一切可以背的东西回来，然后是，默默地吃，默默地喝，默默地收拾着院子里的柴草或粮食，默默地躲进自己的屋子里去。我用“躲”这个字来说应当是准确的，现在想起来，姥爷大约是在躲避，他的早出晚归是如此，他的沉默是如此，他一刻不停地去打草或收拾庄稼也是如此。问题是，他要躲的是什么？他自己清晰吗？知道吗？

即使现在回想，我也想不出任何与姥爷相关的“事迹”。他没有事迹，甚至没有经历——我在姥姥家生活到上初中才离开，然而我似乎从未曾在姥姥和母亲的嘴里听说过关于姥爷的经历，只有只言片语的透露：他曾在盐场做过几年工人，每天也见不到个人，没人说话，以至于再回到村子时更木讷更不想说话了。姥姥之所以嫁给他，当时看重的就是他的木讷老实，“至少不会让我的两个女儿受气”。我的姥爷没有事迹，没有经历，大抵也没有生活，他所躲避的其中也许包含着“生活”这个词，生活对他不亲，他对生活也不亲，他受着生活的冷眼，慢慢地自己也就跟着冷了下来，从而把村子外面的田地和河流当作另一片白茫茫的盐滩，在那里，他部分地躲开了生活。

内心之死。大约二十年前，我在书店里看到余华的随笔集《内心之死》，首先联想到的竟然是我的姥爷。我的姥爷，可能是早早地进入“内心之死”的状态当中，他早早地就麻着木着，以一种麻木来对待另一种麻木，不想，让自己不想。在我姥姥的表述中，我的姥爷是一个“连针也扎不透”的、“三脚踹不出一个屁来”的木头人，是一个基本无用却又甩不掉扔不了的物件，是一个时时处处让人欺侮又从不敢出声的“窝囊废”。大约在我母亲和大姨看来也是如此，甚至在当时的我看来……但真的是，他没有心，没有想法，没有感觉吗？那，他为什么要总是躲着呢？

我跟这个姥爷不亲。不亲，一部分来自家里人的影响和纵容，一部分则是因为，尽管我生活在姥姥姥爷的家里，但他和我们说话的时候太少了，和我们在一起的时候太少了。他早已甘于在外，甘于将自己的那间房子从我们的生活中隔离出去，甘于我和弟弟对于他的进出视而不见，甘于承受我姥姥夹枪带棒的指责，甘于我们几乎从不等他吃饭……总之，他保持着沉默，保持着绕开我们的生活而独自将自己缩进一个角落里。我跟这个姥爷不亲，多数时候这个木头般的姥爷也甘愿躲开我和我们，然而，回想起来，我的姥爷似乎从未指责和训斥过我，从未对我有过半点儿“脸色”，就是在我对他占用了我在院子里的地盘表示不满的时候，就是在我将他编好的粪筐拆烂的时候也没有过。他似乎从不在意我的顽皮、无赖，甚至对他的轻慢和漠视——即使在他和我姥姥偶尔吵架（这样的时候极少，在十几年的时间里也不过一两次）我冷着脸甩给他脸色的时候，他也以一种平和的、惯常的方式对我，不恼，不怒。

我跟他不亲，那他跟我呢？可能，也谈不上亲，至少以他的性格他是表达不出这个“亲”来的，就是和自己的兄弟、侄子，他也表达不出那个“亲”来。姥姥说他是“木头人”大约也是对的，相符的。他不会向我或者任何人表达这个“亲”，他不会，很可能他就从来没有学过“亲”应当是怎么一个样子，而且这个“亲”很可能会让他羞怯，是要掩饰的部分……在回想中，他也从来不主动抱我，或拍拍我的头，除非是我先主动凑上去的时候。在回想中，我能记起的，是秋天，他打草回来，摘下他那顶洗得发白的灰色的帽子，从中掏出几只掐断了翅膀和腿的蚂蚱、螳螂，递给我，让我烧着吃；我能记起的，是他缓缓地放下草筐，倒出筐上边的草，然后从下边的草中掏出一两个沾着泥土的梨或者甜瓜——这，应当是他表达“亲”的方式了吗？是吧？

在我准备写下的双祭当中，与我关系最浅、最为疏离的就是我的姥爷。本来我是准备将对他的“祭”放在后面的章节中的，之所以又调整到前面，不过是因为他是我人生中经历的第一个亲人的死亡——然而，在写下这些文字的时候，我竟然从开始就蘸上了泪水，一直到这里，很可能会一直到写下最后一个字。我突然地、突然地生出那么多的理解和同情，还有那么多、那么多的忏悔……之前，我在自己的长篇小说《镜子里的父亲》中曾写下过姥爷的最后日子，那一部分，几乎是来自现实：

> 一日一日，他越来越瘦，越来越弱，也越来越黑。还是很少说话，少得可怜，我姥姥说：“这个木头啊。我跟这个木头过了半辈子，你倒是说句话啊。”依旧不说——我的姥爷，被病痛折磨着的姥

爷，只有粗重起来艰难起来的呼吸，只有偶尔一两声牙缝里的呻吟。阿司匹林、扑热息痛、右旋丙氧酚、丙米嗪、芬太尼、杜冷丁……“你去看看你姥爷吧。他说，想你啦。”母亲终于允许，之前，她借口我的功课太忙，住校，禁止我和弟弟去探望。姥姥说，我们需要理解，“你姥爷那个样子……你们还是孩子，怕影响你们学习。”这是个理由，讲得过去，应当获得认同——躺在炕上的，是一个陌生起来的姥爷，多年之后，我还清楚地记得那个已经不像样子的人：大口地喘息着，嘴角是干涸起来的血迹和厚厚的痰，赤裸的身体骨瘦如柴，身上布满了黑褐色的斑。夏日的缘故，他只得如此，只得赤裸，把自己泡在浓重的尿味儿里——淡黄的尿液一点一点，那时的姥爷已经丧失了控制，只得听任它们滴到纸上，身下的玉米皮上。

——这是源自生活的真实，包括他在我姥姥和母亲的诱导下说出的那两句简短的话：好好学习，听党的话。这是他表达“亲”的方式吗？他只能用或者只会用这种方式来表达吗？

他真的说过想我了吗？他说出想我，也需要一些勇气吗？这，也是一种艰难吧？……

我本来还想以感慨的、总结的方式来谈他这一生，谈他在我们生活里匮乏着的存在感，谈……还是暂时不说了吧，想起他，竟然让我如此强烈地感觉着，疼痛。不只是针对他一个人，还有这一类人，他这样的人应当不是少数。如果有来生，重新让我和我的姥爷再过一遍我们的人生，我会，我会更多地体谅和理解他，我会，真的像一个亲人一样对待他。但愿能有这样的机会。

2

姥姥是我最亲的亲人——我在要不要加上“之一”而犹豫了良久。不加了，她是，她就是。

在我出生不过几天的日子里就曾遭遇过死亡，差那么一点点儿……1971 年，正月初四或者初五，我因为煤气中毒而没有了气息。赤脚医生告诉我奶奶，扔了吧——要把我扔了，还是要告诉我姥姥的，于是听到消息的姥姥就急急地赶过来了，她救下了我的命。之所以能救下我的命，很大程度上可能是出于错觉：她觉得我还在喘息，于是把在席子上已经晾了整整一上午的我塞进了棉裤里。到已经上灯的时候，我真的活了过来，开始哭。不止一次，姥姥对我讲述这段经历，她要说的其实是那种急迫的心情和终于发现我还活着的欣喜。现在，我更多地理解了她要对我和我弟弟反复提及这件事儿的理由和她的欣喜，这份欣喜甚至伴随着我的长大而长大：看，这个孩子，现在都长这么大了，这么高了。真好。

我是跟着姥姥长大的，在心底里，我把姥姥家当作自己的家，而父母所在的那个家则是“妈妈家”，相对而言，他们或可属于外人或者远亲：是的，在我小的时候就是这样想的，甚至，有时会偷“妈妈家”的东西带到姥姥家里。被我母亲说了多年的一件事就是，她在供销社里买了两包蜡烛，先放在姥姥家一包，然而两天后却发现自己家里的蜡烛不见了，而姥姥家却有了两包——小浩把蜡烛偷走了，偷到他姥姥家里去了……说实话我从“妈妈家”偷走的可不只有蜡烛，只要是我觉得好的、姥姥家没有的，不管采取什么手段（偷可能是最常用的）我都会拿给姥姥，时常，姥姥会在不经意间突然发现家里又多出了点什么，不用猜，就知道是我拿回来的。“这孩子，和他姥姥可亲呢。”

这句话，我爱听。

我不想在这里细说姥姥对我的好，我在她那里得到的那些温暖……它在日常里，点点滴滴，并不特别地显露，只是一旦连接起来就会发现它包含在日子中的细小温度，而这，构成了我生活和生命中真正内在的触动和感动。俱是那么细微，它几乎没有重量，可就是这些似乎没有特别重量的细微构成对我的萦绕，甚至是呵护。我成为现在的这个人，可能有两个至关重要的原因：一个是来自阅读，文学对我的塑造怎么评价都不过分；而另一个重要原因则是来自我的姥姥。我过着一种特别的寄居生活，以一个“外人”的身份跟在那些舅舅、表哥和小姨的身后，却始终没有那种外人的感觉，我的姥姥绝不允许他们欺侮我——说实话这并不容易，我的那些舅舅、表哥也不过七八岁，对待比他们小的跟屁虫有时肯定非常非常厌烦，出于孩子们的天性很可能会想办法将我甩掉……到现在我也不知道姥姥使用了什么办法，反正，我被家里人纵容，也被邻居们和差不多大的舅舅、表哥和姨们纵容着。有过农村生活经验的人大抵知道，它不是想象中的田园，更多的时候它属于泥沼，有一股强硬的下拉力量——但我在自己的生活中并未真正感受过它们，我的童年天然而欢乐，充满着光的颜色。唯一一次让我有了“拒绝感”的事件是某年春节之后，大家一起玩捉迷藏，而我因为太小而被关在门外。但最后舅舅们还是接纳了我，那是我最有阴影的一个事件，我已经在自己的小说和散文中多次地写到它，让父亲和故事里的“我”重新经历。还有一次，是我上学时被一个年龄比我大得多的同学踢了两脚，并打了一记耳光——姥姥带着我走了很远的路找到他的家里，让他当着他父母的面给我道歉并保证以后不再欺侮我。这当然不能算是光彩的——嗯，我不想让姥姥出现，可她非要坚持，一定要……那个同学遭到了惩罚，但可能也正是因为姥姥的“呵护”，他再也没敢欺侮过我，即使我作为班长继续记他的迟到和不认真听讲。

我受着保护，以至于完全地不自知，以至于天真地以为生活就是如此，成长就是如此，童年就是如此……多年之后，我听其他同学谈及他们的生活，才知道生活原来并不像我以为的那样。我之所以能够这样，完全是因为有人保护有人疼。

跟着姥姥长大，每天晚上，她一边做着针线活儿，一边和我说话，讲她所经历的……现在想起来，她大抵也不是说给我听的，她需要一个耳朵，需要一个听不懂故事也听不懂其中的心事的耳朵，而我恰恰拥有这样的一双耳朵。她把我当成了她的“树洞”。

她给我讲过她的童年。在姥姥的记忆里，她的母亲是一个绝顶严厉的人，姥姥能记住的都是怎样挨她的打：用手，用木棍，用庄稼秆，用水瓢，用……一边做着针线活儿，姥姥一次次地回想她的疼痛，轻描淡写地说着，却让我印象深刻。她也谈及她的裹脚和放脚，第一次裹脚的时候她哭着对自己的母亲说疼，这句疼则让她又挨了一顿打："女孩儿哪有不裹脚的？你想找个什么人家啊？好人家能要大脚的女人吗？"后来革命了，上面派人动员放脚，姥姥的母亲就把姥姥藏在了河沟里……关于她的童年，姥姥讲述最多的就是她的挨打，做不好活儿挨打，纺不好线挨打，织不好布挨打，理由都是"找一个好人家"。除了挨打，姥姥讲得第二多的则是她的识字和识字的不得：她只上了一天学，跟着扫盲班。姥姥说，她是同去的那些人中记得最快的也是记得最牢的，即使二三十年后，教员教的那些字她也都还记得……然而，她只上了一天。"他们都不让去了。女子无才便是德。我爹也不让，我哥也不让。第二天我没听话，又想去，被他们截了回来。以后就再也没去。没办法去。"不识字，是姥姥一生的遗憾，她不止一次向我提及当时教员对她的赞扬，认为她是一块读书的料。

以只言片语的方式，姥姥一天天、一年年地向我的耳朵提及“那个死鬼”。可以说，每个晚上，每个漫长得几乎让人感觉煎熬的晚上，姥姥都会只言片语地提及他，“那个死鬼”这样，“那个死鬼”那样，“那个死鬼”……在我的印象中，她从来都没谈及过睡在西边房间里的那个姥爷，可对于“那个死鬼”，却始终是一个话题，绕着绕着就会绕到他的身上。我是那个“树洞”。她把我当成她的树洞，只顾自己说着，和自己说着——所以，在很多年里，我并不知道她说的“那个死鬼”是我的亲姥爷，也不知道在我母亲和大姨嘴里的“陈世美”也是他，只是觉得“那个死鬼”可憎可恶却一直阴魂不散；在很多年里，即使我通过联想、想象和被告知的部分知道了“那个死鬼”的真实身份和基本经历，也以为姥姥是在恨，一直在恨着，像我大姨和我母亲那样恨着。直到姥姥去世之后，我才在一个突然的时刻恍然，姥姥其实是在爱着，她放不下，始终。以至于她曾那么卑微地在离婚之后依然带着两个女儿留在公公婆婆家里，以一个儿媳的身份尽心尽力地服侍着两位老人。我知道，至少我可以猜度得到，即使在那时，她可能还有一个自己也骗不了自己但愿意骗一天算一天的愿望，希望某一个时辰“那个死鬼”能够回心转意，良心发现，重新认回自己的妻儿。

当然这一天是她所不可能等来的。不可能等来，她应当早早地就知道了，只是不甘，不愿，不想知道。拖一天是一天，她就那样用七八年的时间将自己拖着，直到两位老人先后离去。“老人走了，‘那个死鬼’也没回家。”她没有等来。因为她的在，因为害怕见她时的羞愧，我的亲姥爷在自己父母去世的时候也没有回家，而是继续当着他的官……多年之后我见过这个姥爷一次，那时，我的姥姥已经去世。他找到了我的母亲，而我的母亲在他面前呜呜地哭着——之后，则又断了联系。我不知道他是否还活在世上，当然这也没什么重要的了，他表现得漠然，我和父亲、弟弟也表现得漠然，只是出于礼貌客客气气地接待着他，然后客客气气地送走——临走的时候，我试图向他提一句我的姥姥，但话到嘴边又咽了回去。何必呢？这个人，大抵也和我姥姥心里的“那个死鬼”没多少关系了。

可是，他，或者说“那个死鬼”，始终是姥姥心里一根拔不出来的刺。这根刺始终横着，鲠着，也刺着……姥姥和出现在我生活里的这个姥爷亲不起来，这种亲不起来，很大程度也缘于这根刺的存在。姥姥的大半生，至少是大半生，一直都在和这根刺纠缠，她心里的苦和疼也由此不断，不断。

“你可得好好地待你姥姥。”——不止一次，母亲这样嘱咐我，大姨这样嘱咐我，父亲这样嘱咐我，奶奶和爷爷这样嘱咐我，甚至邻居们、亲戚们也这样嘱咐我……何止是不止一次，应当是不止千万次，我在心底其实也是这样想的。姥姥不容易，姥姥疼我爱我，我当然要……然而，姥姥却没能等到我好好待她的时候就走了。她走得匆忙，毫无准备。

那个晚上，平常的晚上，我的姥姥离开人世，到达一个陌生而遥远的地方——其中的过程，她消耗了整整一个夜晚的时间。也就是说，这个离开多少有些艰难，仿佛一只蜕壳的蝉——不过我姥姥蜕掉旧壳之后就消失了，她，将自己蜕成了死者。在那个晚上到来之前……据说，我的姥姥，在下午的时候还用几张旧报纸剪了几个鞋样子，她还想为自己做几双鞋，用这些鞋走很远的路。据说她还做好了晚饭，据说她还喝了一碗粥，吃了一小块儿馒头……这些据说来自我的小舅母，她和姥姥是邻居，而我的小舅，在姥爷死去的前两天，过继给了姥爷。九月的那个晚上，月光像书上写得那么如水的晚上，露水飘在空中缓缓下落的晚上，小舅母急急地敲开我家大门，对我母亲说："快，快点，咱娘不行啦。"

在时间里，那个晚上必须到来，谁也无法将那个晚上从时间的线条上删除，缺少了这个点，也就等于取消了"明天"——尽管它是突然的，偶然的，没给我和我的家人任何准备——当然，或许，在所谓的"命运"那里，这就是准备，它早早地安排了事件的发生……谁知道呢。缺乏准备——我是说，我的姥姥没有准备，若不然，她在下午还剪那些鞋样有什么用，它们不会自己变成鞋子，更不会自己走路。我是说，我的母亲也没有准备，在赶往医院的路上，巨大的茫然和悲痛就像缠绕的绳索，她两腿发颤，几乎走不动路。（对于那个晚上，我承认，我知道得过少。我只了解一些片段、侧面，它们缺少连贯——那个晚上，我不在家，我在沧州师范上学，我只知道那个晚上在我身边发生的事，而我的姥姥远在……）

等母亲赶到医院，姥姥已经不能说话了，她的嘴唇颤抖，却始终保持沉默——一直到她死去。我母亲说，姥姥是清醒的，相当清醒，她盯着医生和护士的来来往往，并对各种检查给予配合，可是，就是不能说话。姥爷的沉默在那一晚上传染给了她。这让我母亲感到遗憾，她说，你姥姥这一辈子太不容易啦！太苦了，太难了，有苦和难的人一定有一肚子的话要说——她似乎忘了，我的姥爷，他这辈子的苦难并不显得更少，然而他也没说……在灵棚里，坐在潮湿的麦秸和玉米秸上，我母亲向我们描述当时的情节，外面下着连绵不息的雨——她说，她的眼里含着泪水，俯在我姥姥的耳边："娘啊，你有什么话你就说说吧。我知道你有话要说啊。"即使是复述，她也喊得痛彻，有些声嘶力竭。我母亲说，她看到，我姥姥发白的嘴唇动了动，动了动，"她肯定是有话要说的，就是说不出来啦。"

——我的姥姥，什么也没说就走了，她带走了她要说的和不想说的，她带走了自己的一生和所有秘密。当然，从表面上看，我姥姥的房屋，长凳，立柜，枣树，姥爷拾来还没用完的柴草（我的姥爷，甚至给我某种错觉，仿佛他的大部分时间都用来拾草，在院子里堆起一座山峰），二十余斤面粉，十几枚存下的铜钱，自己画的纸牌，自己剪的鞋样，都还在那里，她什么也没有带走。

……这是在我的长篇《镜子里的父亲》中写下的

文字，它是真的，源自生活，基本上没有加入虚构。在那个章节中，我虚构了一段给自己的爱情，其实它是不存在的，于是，在这篇散文中便将它删除了。当时，我在沧州上学，得知消息的时候姥姥已经去世——得到消息，我表现得令人羞愧的冷静，向班主任请假，使用着平常而平静的语气，甚至在离开学校的时候还和门卫开了个玩笑。我试图让自己悲伤起来，却不能，我的心仿佛是麻的木的，没有一点点的波澜感，仿佛去世的那个人与我并无太多关联，只是一个“符号”。坐上汽车，我一边收拾着自己的行李，一边向外面的人群张望，就在某个瞬间，我突然意识到我的姥姥已经不在了，她已经不会在门口出现，不会再等我也不会再唤我回家吃饭——就是一个瞬间，我的泪水和骤然撞击到胸口的悲伤感一下子涌了出来，我俯下身子，旁若无人地哽咽起来，泪流满面。